信息化项目合规性和风险管控200例

北京中百信信息技术股份有限公司　著

电子工业出版社

Publishing House of Electronics Industry

北京 · BEIJING

内容简介

十斤粮食，酿一斤好酒。二十多年实践经验的积累，两年的精雕细琢，一千多位工程师的汗水和心血，凝聚成本书。

《国务院办公厅关于印发国家政务信息化项目建设管理办法的通知》（国办发〔2019〕57 号）规定：国家政务信息化项目实行工程监理制，项目建设单位应当按照信息系统工程监理有关规定，委托工程监理单位对项目建设进行工程监理。在 GB/T 19668 等标准的基础上，刘庆波提出了中百信监理六管三服模型，将合规性和风险管控作为核心监理服务。合规性的"规"，既有政策和制度的"规"，又有技术标准的"规"；风险管控的"风险"，既有质量的"风险"，又有进度的"风险"。如何充分发挥监理作用，保护各方权益，提高项目的投资效益，是本书关注的重点。

本书分为两篇、共十章，收录了 108 个合规性案例和 92 个风险管控案例，涵盖信息化项目实施过程的各阶段，涉及软件项目、机房与集成项目、室外工程项目等多种项目类型。本书描述了案例应用场景，引用了具有针对性的法规和相关标准、规范，对于项目经理和工程师来说，在规范服务流程和工作方式等方面具有指导意义，对于工程技术人员来说，也具有一定的参考价值。

图书在版编目（CIP）数据

信息化项目合规性和风险管控 200 例 / 北京中百信信息技术股份有限公司著. —北京：电子工业出版社，2022.2
ISBN 978-7-121-42882-1

Ⅰ. ①信… Ⅱ. ①北… Ⅲ. ①信息工程－工程项目管理－研究 ②信息工程－工程项目管理－风险管理－研究 Ⅳ. ①G202

中国版本图书馆 CIP 数据核字（2022）第 021996 号

责任编辑：邓茗幻　　　　文字编辑：冯　琦
印　　刷：北京天宇星印刷厂
装　　订：北京天宇星印刷厂
出版发行：电子工业出版社
　　　　　北京市海淀区万寿路 173 信箱　邮编：100036
开　　本：720×1 000　1/16　印张：13　字数：208 千字
版　　次：2022 年 2 月第 1 版
印　　次：2024 年 1 月第 2 次印刷
定　　价：80.00 元

凡所购买电子工业出版社图书有缺损问题，请向购买书店调换。若书店售缺，请与本社发行部联系，联系及邮购电话：（010）88254888，88258888。
质量投诉请发邮件至 zlts@phei.com.cn，盗版侵权举报请发邮件至 dbqq@phei.com.cn。
本书咨询联系方式：（010）88254434，fengq@phei.com.cn。

推荐序一

我国从改革开放初期就实行了工程监理制度，对工程建设的项目投资控制、建设工期控制、工程质量控制、安全保障控制进行信息管理和工程建设合同管理，协调有关单位之间的工作关系，即"四控、两管、一协调"。2019 年 12 月，《国务院办公厅关于印发国家政务信息化项目建设管理办法的通知》（国办发〔2019〕57 号）规定：国家政务信息化项目实行工程监理制，项目建设单位应当按照信息系统工程监理有关规定，委托工程监理单位对项目建设进行工程监理。

20 世纪末，我国实行行政机关办公自动化并实施"三金工程"；21 世纪初，我国全面推广"十二金"政务信息化；党的十八大以来，我国进入执政能力、民主法治、宏观调控、市场监管、公共服务、公共安全的"大数据、大平台、大系统"数字政府建设阶段。数字政府是以数据应用为核心，以新一代信息技术为支撑，重塑政务信息化管理架构、业务架构、技术架构，通过构建大数据驱动的政务新机制、新平台、新渠道，进一步优化调整政府内部的组织架构、运作程序和管理服务，全面提升政府在经济调节、市场监管、社会治理、公共服务等领域的履职能力，形成"用数据对话、用数据决策、用数据服务、用数据创新"的现代化治理模式。因此，数字政府的工程建设、工程质量、工程投资、工程安全要求越来越高。近年来，我国发布了《国务院关于加快推进全国一体化在线政务服务平台建设的指导意见》（国发〔2018〕27 号）、《国务院办公厅关于加快推进政务服务"跨省通办"的指导意见》（国办发〔2020〕35 号）、《全国一体化大数据中心协同创新体系算力枢纽实施方案》等关于工程建设和工程质量的重要文件，《财政支出绩效评价管理暂行办法》《关于政府购买服务有关预算管理问题的通知》（财预〔2014〕13 号）、《基本建设财务规则》（中华人民共和国财政部令第 81 号）等关于工程投资的重要文件，以及《中华人民共和国数据安全法》《国家网络空间安全战略》《信

息安全技术 网络安全等级保护测评要求》（GB/T 28448—2019）等关于工程安全的重要文件。重要历史任务的落地实现，需要项目审批部门、建设单位、承建单位、监理单位的多方努力。

工程监理是我国市场化监督体系的重要组成部分。我国进入数字政府的新时代，要充分发挥工程监理在数据要素监督方面的重要作用，加强对工程任务、工期完成等工程建设数据要素，工程技术、集约化体系等工程质量数据要素，工程预算、执行、决算等工程投资数据要素，以及工程安全防护、等级保护、风险评估等工程安全数据要素的监督。

本书汇聚了信息化项目合规性和风险管控案例，这些案例反映了信息系统工程监理工作的控制、管理和协调原则，具有指导意义。

本书的作者是在监理领域有实践经验的专家，本书不仅适合从事工程监理相关工作的专业人员学习，还适合数字政府的研究者、建设者研读。

国家审计署信息化建设领导小组办公室原主任

推荐序二

2021 年 3 月发布的《中华人民共和国国民经济和社会发展第十四个五年规划和 2035 年远景目标纲要》将"防范和化解影响我国现代化进程的各种风险"纳入。

工程监理是有效降低信息化项目建设风险的重要举措。众所周知，作为资金和科技密集型行业，信息系统工程高度依赖信息技术。信息技术对关键信息基础设施、国家安全建设具有重要的支撑作用。随着互联网、移动通信、云计算、大数据、物联网、人工智能等技术的快速发展，信息技术在带来信息技术服务便利化的同时，也带来了许多风险。当前，我国信息化项目面临一些挑战：一是核心技术受制于人；二是网络安全形势严峻；三是信息化项目参建单位众多，在没有细化的项目管理制度体系下，容易出现管理控制不到位的问题；四是业务快速发展，新技术加快了新系统上线速度，在人员管理经验不足的情况下，容易出现管理和维护跟不上的问题，也会带来使用风险。

信息化项目具有复杂性、突发性、系统性，加强信息化项目合规性和风险管控十分重要和紧迫。随着国务院"放管服"改革政策的深入落实，尤其是《国务院办公厅关于印发国家政务信息化项目建设管理办法的通知》（国办发〔2019〕57 号）的出台，研究信息化项目风险管控的理论、工具和方法，做好风险预警、识别、评估和防范经验分享，为广大项目建设单位提供优质服务，已成为有识之士的共同愿望。

刘庆波博士领导的北京中百信信息技术股份有限公司是 GB/T 19668 系列标准的起草单位之一，并在很多信息系统工程咨询监理实践中运用 GB/T 19668 系列标准开展服务。刘庆波博士结合多年实践经验，带领团队深入领会相关政策法规，研究了行之有效的信息化项目风险管控机制，最终形成本书。本书针对项目风险管控提出了许多新意识、新思维和新措施，富有创新性。

本书具有开创性意义，将加强各界对信息化项目合规性和风险管控的重视，吸引更多人参与相关工作和研究。

北方交通大学计算机与信息技术学院教授

《信息技术服务 监理》（GB/T 19668）总编

前　言

中国经济的高速增长，带动了以电子政务为代表的各行业的信息化建设，推动信息化项目监理业务逐渐走向成熟。《国务院办公厅关于印发国家政务信息化项目建设管理办法的通知》（国办发〔2019〕57 号）第十九条指出：国家政务信息化项目实行工程监理制，项目建设单位应当按照信息系统工程监理有关规定，委托工程监理单位对项目建设进行工程监理。第二十条指出：项目建设单位应当对项目绩效目标执行情况进行评价，并征求有关项目使用单位和监理单位的意见，形成项目绩效评价报告，在建设期内每年年底前向项目审批部门提交。项目绩效评价报告主要包括建设进度和投资计划执行情况。对于已投入试运行的系统，还应当说明试运行效果及遇到的问题等。

项目合规性和风险管控是北京中百信信息技术股份有限公司监理服务的关键内容，是其为提高项目监理服务质量，以 GB/T 19668 为基础，综合数千个监理项目的实践经验，在中百信监理六管三服模型（合规管理、风控管理、质量管理、进度管理、支付管理、文档管理、组织协调服务、管理咨询服务、技术咨询服务）中提出的。项目合规性指建设单位在项目资金使用、档案管理、技术实施等方面的管理行为，其不应与国家现行法律法规和技术标准相悖；项目风险不仅包括项目实施过程中的施工风险和信息安全风险，还包括由违反相关法律法规和技术标准引起的管理风险，这些风险轻则损害建设单位的权益，重则导致追究相关人员的法律责任。监理单位的"四控、两管、一协调"工作虽然具有一定的独立性，但不应成为背离建设单位管理目标的"空中楼阁"。因此，协助建设单位保障项目参建人员的安全，把握项目合规性，在规避项目风险的前提下，保障项目建设成果，是监理单位使建设单位满意和获得可持续服务机会的基础，也是信息化监理服务的基本职责。

北京中百信信息技术股份有限公司非常注重服务质量管控和知识积累，很早就设立了质量管理部和研究中心。本书是北京中百信信息技术股份有限公司多年监理工作经验的沉淀和积累，是集体智慧的结晶。本书分为两篇、共 10 章，收录了 200 个案例（108 个合规性案例和 92 个风险管控案例），案例全部来自北京中百信信息技术股份有限公司各级监理人员在项目实施过程中遇到的具体问题，内容涉及软件项目、机房与集成项目、室外工程项目等在不同阶段发生的问题，并提出了经过实践检验的解决方案建议。

本书的素材征集、案例筛选和内容编撰工作，由北京中百信信息技术股份有限公司专业委员会牵头组织，由刘庆波、周威、马达、王春蕾、许静、李天华、严美英、唐红兵、沈建堃、赵洋、吕风暴、陈晶、张薇薇、李松等共同完成，公司各业务部门领导对本书的编写工作提供了大力支持。本书的编写还得到了北方交通大学计算机与信息技术学院的葛逦康教授、国家审计署信息化建设领导小组办公室原主任周德铭先生的悉心指导，在此表示衷心的感谢！

信息化项目合规性和风险管控是常态化课题，随着信息化项目管理的不断深入，相关法律法规和信息化技术标准也会在市场发展和技术进步的过程中不断更新和调整。目前，信息化应用创新发展已成为国家战略，大型信息化项目在工程、技术、财务和档案层面的验收模式有待深入贯彻与融合。需要进一步探索监理人员在项目绩效管理与评估方面的作用。因此，作者将持续补充、修订和完善相关内容，希望得到广大客户、系统集成商和软件开发商、行业专家及监理同行的大力支持，敬请赐教。

由于作者的认知水平和编纂能力有限，本书可能存在疏漏和不妥之处，敬请各位读者批评指正。

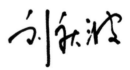

北京中百信信息技术股份有限公司董事长

目　录

下篇　项目风险管控案例

上篇

项目合规性案例

第1章

招标阶段

1.1 项目采购的合规性案例

案例所属项目类型：通用。

案例合规性：政策合规。

问题场景：采购方式及采购流程问题。

本节重点介绍信息化项目的典型采购方式，并通过案例说明监理单位的法规依据，协助建设单位把控相应采购方式的适用条件，避免违规情况发生。

案例 1　在哪些情况下，项目必须公开招标？

要点：按规定必须公开招标的项目，一定要公开招标。

监理的价值：监理人员熟悉有关规定，如《必须招标的工程项目规定》等，可以帮助甲方避免在采购环节出现违规情况。

在某信息化项目中，监理单位在进入现场后发现甲方希望采用直接委托的方式对两个标段进行采购，两个标段的情况为：X1 设备采购标段，预算金额 150 万元；X2 等保测评标段，预算金额 110 万元。

《必须招标的工程项目规定》指出，达到下列标准之一的必须招标：①施工单项合同估算价在 400 万元人民币以上；②重要设备、材料等货物的采购，单项合同估算价在 200 万元人民币以上；③勘察、设计、监理等服务的采购，单项合同估算价在 100 万元人民币以上。

据此，监理人员提出监理建议如下。

根据《必须招标的工程项目规定》，X1 标段属于货物的采购，且设备均为通用设备，金额未达到必须公开招标的限额，可以采用直接委托等方式进行采购；X2 标段属于服务的采购，且金额超过必须公开招标的限额，应该组织公开招标。如果采用直接委托的方式完成对 X2 标段的采购，则属于违规采购。

案例 2　在哪些情况下，建设单位可以自行组织采购？

要点：对于未列入集中采购目录的项目，建设单位可以自行组织采购，也可以委托采购代理机构进行采购。

监理价值：监理人员通过掌握《中华人民共和国政府采购法》和《中华人民共和国政府采购法实施条例》中的采购方式规定，结合项目审批部门对项目采购方式的批复意见，协助建设单位选择正确的采购方式。对于未纳入集中采购目录和未在批复的项目投资概算表中列支且预算金额较小的特定服务，监理人员可以建议建设单位采用邀请的方式进行采购，以提高采购效率。

在某信息化项目的招标阶段，建设单位计划引入一家律师事务所，为建设单位的合同审核提供支持，并提供相关法律咨询服务。但在批复的项目初步设计报告中，采购方式全部为公开招标，并且在投资概算中，没有单独列支采购法律咨询服务的费用。监理人员认为，法律咨询服务较为特殊，采用公开招标的周期长、不确定因素较多，不利于工作的快速开展，建议建设单位自行组织采购，并邀请 3 家以上具备条件的事务所进行比选，以确定事务所。建设单位采纳了监理人员的建议，顺利完成了采购工作。

《中华人民共和国政府采购法实施条例》第四条规定：政府采购法所称集中采购，是指采购人将列入集中采购目录的项目委托集中采购机构代理采购或者进行部门集中采购的行为；所称分散采购，是指采购人将采购限额标准以上的未列入集中采购目录的项目自行采购或者委托采购代理机构代理采购的行为。

在项目管理实践中，对于预算金额较小或具有特殊服务要求的项目（一般在 50 万元以下）采取比选的方式进行采购，比选主要由建设单位自行组织，包括向受邀供应商发送比选文件、组织专家评审会、确定供应商等环节。

> **案例 3　具备哪些条件才能进行单一来源采购？**
>
> 要点：单一来源采购是一种较为特殊的采购方式，应注意不能将其作为规避竞争的手段，不能有人为倾向。
>
> 监理价值：监理人员了解单一来源采购的约束条件，可以在建设单位确定采购方式前，协助其做好适合单一来源采购的论证工作，避免出现违规行为，做到采购结果可追溯。

某信息化项目采用单一来源采购方式采购 Microsoft Office 办公软件，采购金额超过 2000 万元，在采购结果公示期间，其他有资格参与竞争的潜在投标人提出了投诉，理由是该采购项目不满足单一来源采购条件。最终，财政部门做废标处理，要求建设单位重新组织招标。

《中华人民共和国政府采购法》第三十一条规定了 3 种采用单一来源采购方式采购货物或服务的情况：一是只能从唯一供应商处采购的；二是发生了不可预见的紧急情况不能从其他供应商处采购的；三是必须保证原有采购项目一致性或者服务配套的要求，需要继续从原供应商处添购，且添购资金总额不超过原合同采购金额百分之十的。

《中华人民共和国政府采购法实施条例》第三十八条规定：达到公开招标数额标准，符合政府采购法第三十一条第一项规定情形，只能从唯一供应商处采购的，采购人应当将采购项目信息和唯一供应商名称在省级以上人民政府财政部门指定的媒体上公示，公示期不得少于 5 个工作日。

当项目具有特殊性时，如业务制度改革或调整导致原有业务应用软件需要持续增量开发，或者已建系统运维服务需要持续性保障等，采用单一来源采购方式较为合理。监理人员应依据法规要求，协助建设单位确定采购方式，避免出现违规采购的情况。

案例4　在哪些情况下可以采用竞争性磋商采购方式？

要点：复杂度较低的货物和服务，采用竞争性谈判采购方式更有利于建设单位节约采购成本。属于政府购买服务项目、因技术复杂或者性质特殊不能确定详细或者具体要求等情形的项目，可采用竞争性磋商采购方式进行采购。

监理价值：监理人员了解政务信息化项目采购方式，可以根据《政府采购竞争性磋商采购方式管理暂行办法》，协助建设单位做好竞争性磋商采购方式的合规管理。

在某信息化项目的招标阶段，监理人员在协助建设单位审核某网络设备标段采购文件时发现，其确定的采购方式为竞争性磋商采购方式，评标方法为综合评分法。监理人员认为，采购文件中涉及的网络设备为通用设备，技术复杂度较低，建议建设单位采用集中采购方式或竞争性谈判采购方式，以降低采购成本。建设单位采纳了监理人员的建议，调整了采购方式，修改了采购文件。

《中华人民共和国政府采购法》第二十六条规定的政府采购方式包括公开招标、邀请招标、竞争性谈判、单一来源采购、询价、国务院政府采购监督管理部门认定的其他采购方式。竞争性磋商采购方式属于国务院政府采购监督管理部门认定的其他采购方式。

《政府采购竞争性磋商采购方式管理暂行办法》第三条指出，可以采用竞争性磋商采购方式开展采购的项目包括：①政府购买服务项目；②技术复杂或者性质特殊，不能确定详细规格或者具体要求的；③因艺术品采购、专利、专有技术或者服务的时间、数量事先不能确定等原因不能事先计算出价格总额的；④市场竞争不充分的科研项目，以及需要扶持的科技成果转化项目；⑤按照招标投标法及其实施条例必须进行招标的工程建设项目以外的工程建设项目。

　　竞争性磋商采购方式是深化政府采购制度改革、适应推进政府购买服务、推广政府和社会资本合作（PPP）模式等工作需要的实践，得到了广泛应用。监理人员应协助建设单位，严格遵守《政府采购竞争性磋商采购方式管理暂行办法》，完成采购工作，避免出现违规情况。

1.2 项目分包的合规性案例

案例所属项目类型：通用。

案例合规性：政策合规。

问题场景：分包条件和分包形式问题。

监理单位了解《中华人民共和国政府采购法》和《中华人民共和国招标投标法》关于项目分包的限制条件，可以结合项目特定需要，协助建设单位正确处理项目分包问题，完成项目建设目标。

案例 5　如何判断项目分包的合理性？

要点：经采购人同意，中标、成交供应商可以依法采取分包方式履行合同。

监理价值：在项目招标阶段，监理人员可以协助建设单位预估标段出现分包的可能性，投标人必须在投标文件中载明需要分包的非主体、非关键性建设内容。

某运维项目计划进行服务机构招标，由于网站 IPv6 项目涉及金额较大，且涉及不同专业技术，包含较多基础施工内容（划分多个标段采购服务机构），管理难度较大，希望招一个负责总体施工的单位，允许中标单位进行合同分包。监理人员建议，需要在招标文件中明确，只允许投标人将非主体、非关键性工作分包，同时明确投标人和分包单位的责任，强调分包承担主体应当具备相应资质条件且不得再次分包。建设单位采纳了监理人员的建议，完成了项目招标及合同签订工作。

《中华人民共和国政府采购法》第四十八条规定：经采购人同意，中标、成交供应商可以依法采取分包方式履行合同。政府采购合同分包履行的，中标、成交供应商就采购项目和分包项目向采购人负责，分包供应商就分包项目承担责任。

《政府采购货物和服务招标投标管理办法》第三十五条规定：投标人根据招标文件的规定和采购项目的实际情况，拟在中标后将中标项目的非主体、非关键性工作分包的，应当在投标文件中载明分包承担主体，分包承担主体应当具备相应资质条件且不得再次分包。

《中华人民共和国政府采购法》强调了依法分包，《政府采购货物和服务招标投标管理办法》强调了投标人的主体责任。

监理人员应通过资质核查和现场管理，协助建设单位杜绝项目实施阶段的违规分包现象，防范由混乱施工引起的安全风险，避免出现管理问题。

案例6　联合体投标与常规项目分包一样吗？

要点：项目建设单位必须在招标文件中明确是否接受联合体投标，联合体成员必须有独立承担民事责任及履行合同应具备的设备和技术能力。

监理价值：监理人员可协助建设单位判断接受联合体投标的必要性，检查采购文件中对联合体各方企业信誉、技术能力、资格条件核定的条款，明确联合体各方与采购人共同签订采购合同和承担连带责任的约束，避免对联合体责任界定不清和强制要求投标人组成联合体等情况发生。

在某信息化项目的招标阶段，建设单位就地理信息资源应用开发系统是否接受联合体投标咨询监理单位。经过调研分析，监理人员指出，地理信息资源应用开发系统建设可能需要得到国内高校、科研机构的一些专项研究或专利的支撑，以保证开发和后期应用效果，但科研机构缺乏信息化项目实施经验，难以承担项目整体开发和管理工作，建议在招标文件中明确接受联合体投标，并明确联合体各方的资格条件、履约能力和工作分工等。

《中华人民共和国政府采购法》第二十四条规定：两个以上的自然人、法人或者其他组织可以组成一个联合体，以一个供应商的身份共同参加政府采购。以联合体形式进行政府采购的，参加联合体的供应商均应当具备本法第二十二条规定的条件，并应当向采购人提交联合协议，载明联合体各方承担的工作和义务。联合体各方应当共同与采购人签订采购合同，就采购合同约定的事项对采购人承担连带责任。

《中华人民共和国政府采购法实施条例》第二十二条规定：联合体中有同类资质的供应商按照联合体分工承担相同工作的，应当按照资质等级较低的供应商确定资质等级。以联合体形式参加政府采购活动的，联合体各方不得再单独参加或者与其他供应商另外组成联合体参加同一合同项下的政府采购活动。

《中华人民共和国招标投标法》第三十一规定：两个以上法人或者其他组织可以组成一个联合体，以一个投标人的身份共同投标。联合体各方均应当具备承担招标项目的相应能力；国家有关规定或者招标文件对投标人资格条件有规定的，联合体各方应当具备规定的相应资格条件。由同一专业的单位组成的联合体，按照资质等级较低的单位确定资质等级。联合体各方应当签订共同投标协议，明确约定各方拟承担的工作和责任，并将共同投标协议连同投标文件一并提交招标人。联合体中标的，联合体各方应当共同与招标人签订合同，就中标项目向招标人承担连带责任。招标人不得强制投标人组成联合体共同投标，不得限制投标人之间的竞争。

案例 7　管理机房项目分包有哪些有效措施？

要点： 在机房项目的建设中，与承建单位的施工能力相比，对施工资质的要求更严格。

监理价值： 监理人员在协助建设单位对机房项目中已实施分包的工作的主体性和非关键性进行审核的基础上，应把握"完成资质允许范围内的工作"的原则，熟悉消防施工及验收、加固施工及鉴定、电力改造等程序要求，协助建设单位完成对项目分包合理性的核定。

某机房项目由于在立项阶段没有准确核定机房荷载数据，招标文件未明确对投标人的楼板加固施工资质要求，承建单位进场后，通过对机房所在位置的楼板进行荷载能力核定，结合项目设备数量和初步确定的机柜及相关设施布局情况，确定楼板需要进行加固处理。建设单位就该问题咨询监理单位，监理人员提出，机房楼板荷载不够，存在很大的安全隐患，也会制约后期设备的添置扩充，必须进行加固处理，由于中标的承建单位缺乏此项工作施工资质，建议引入具备资质的施工单位进行施工，并由第三方机构鉴定。同时，由于增加的费用有限，建议与承建单位签订补充合同，将此项工作分包，合同额不做调整。建设单位采纳了监理人员的建议，顺利完成了机房项目建设。

《中华人民共和国政府采购法》第四十八条规定：经采购人同意，中标、成交供应商可以依法采取分包方式履行合同。政府采购合同分包履行的，中标、成交供应商就采购项目和分包项目向采购人负责，分包供应商就分包项目承担责任。

《政府采购货物和服务招标投标管理办法》第三十五条规定：投标人根据招标文件的规定和采购项目的实际情况，拟在中标后将中标项目的非主体、非关键性工作分包的，应当在投标文件中载明分包承担主体，分包承担主体应当具备相应资质条件且不得再次分包。

在机房项目中，分包情况较多，项目管理难度大、工程质量存在较大风险，监理人员需要重点检查承建单位和分包单位的资质、人员资质、开工及相关报审材料的合规性，还要关注实际施工单位的安全员是否到位、安全制度是否落实，督促承建单位的项目经理与分包单位人员进行协调和对接。

1.3　项目招标的合规性案例

案例所属项目类型：通用。

案例合规性：技术合规。

问题场景：倾向性问题、资质问题、不确定因素处理问题等。

监理人员可以协助建设单位规避项目招标的不合规行为，保证项目顺利完成。

案例 8　如何判定招标文件中的技术指标倾向？

要点：项目采购文件中设定的技术指标或参数不能倾向唯一的供应商。

监理价值：技术指标或参数倾向，属于《中华人民共和国政府采购法实施条例》中"采购需求中的技术、服务等要求指向特定供应商、特定产品"的情形。监理人员可协助建设单位，在保证采购文件符合项目需求的基础上，使满足所设定的技术指标的投标供应商不少于 3 家。

在某信息化项目的招标阶段，监理人员协助建设单位审核网络设备标段招标文件，其中对核心交换机的技术指标要求包括支持 CLOS 架构，以及支持 VLPS 等几十个详细指标。监理人员在仔细调研、查询后发现，市场上只有某厂商的一款产品能同时满足这些指标。监理人员及时与建设单位沟通，指出如果按照此招标文件组织招标，很可能会导致项目流标或中标结果被投诉后废标，建议进行调整。建设单位在调整招标文件中的相关指标后，顺利完成了招标工作。

《中华人民共和国政府采购法实施条例》第二十条指出，采购人或者采购代理机构有下列情形之一的，属于以不合理的条件对供应商实行差别待遇或者歧视待遇：①就同一采购项目向供应商提供有差别的项目信息；②设定的资格、技术、商务条件与采购项目的具体特点和实际需要不相适应或者与合同履行无关；③采购需求中的技术、服务等要求指向特定供应商、特定产品；④以特定行政区域或者特定行业的业绩、奖项作为加分条件或者中标、成交条件；⑤对供应商采取不同的资格审查或者评审标准；⑥限定或者指定特定的专利、商标、品牌或者供应商；⑦非法限定供应商的所有制形式、组织形式或者所在地；⑧以其他不合理条件限制或者排斥潜在供应商。

在项目招标中出现技术指标倾向往往是由于对系统的性能要求较高，对项目建设目标中"前瞻性""先进性"的理解较为片面，容易出现"只买贵的，不买对的"的采购行为，监理单位应避免建设单位进入项目招标"误区"。

> **案例9　前期已建项目的结果能支持招标的品牌倾向吗？**
>
> **要点：** 除单一来源采购外，项目采购中的品牌倾向和技术指标倾向都是禁止出现的。
>
> **监理价值：** 监理人员了解项目采购限制招标文件倾向特定供应商或特定产品的要求，以及采购中"符合需求、价格最低"的原则，能够协助建设单位选择采购方式，避免出现违规采购行为。

在某信息化项目的招标阶段，监理人员针对设备标段招标文件中对某品牌倾向的条款，与建设单位的项目管理人员进行沟通。建设单位的项目管理人员指出，某品牌的设备在同性能设备中价格偏低、能够满足使用需求，建设单位内部多个已建项目基本都是采购该品牌的设备，使用部门对设备售后运维服务的评价较高，招标文件有一定的倾向性。监理人员认为，采用该文件进行公开招标，会违反相关规定，建议调整采购方式，可选择竞争性谈判或竞争性磋商采购方式，以采购性价比较高的设备。建设单位采纳了监理人员的建议，调整了采购方式。

《中华人民共和国招标投标法》第二十条规定：招标文件不得要求或标明特定的生产供应者以及含有倾向或者排斥潜在投标人的其他内容。

虽然项目采购倡导将公开招标作为主要采购方式，但采购实践表明，采用一种固定采购方式或评标方法无法适应项目采购的多元化需求。根据项目特点选择合理的采购方式，协助建设单位避免出现违规情况，是监理单位的重要工作内容。

案例 10　是否应避免在招标中有特定区域和行业业绩倾向？

要点：技术指标倾向、品牌倾向、特定区域和行业业绩倾向等，本质上是排斥潜在投标人，为具备一定特征的投标人"量身定做"评分标准的不合规行为。

监理价值：监理人员能够正确识别招标环节中的各种倾向性内容，提出调整招标文件或采购方式的建议，防止出现违规招标的情况。

在某信息化项目的招标阶段，监理人员在协助建设单位审核某标段招标文件时发现，其要求投标人为本省注册企业或在本省设有办事处或分公司的企业，并要求其提供地址、团队人员情况等信息。监理人员认为，该内容排斥省外的法人单位或组织参加投标，违反相关规定，建议修订相关内容，避免违规情况发生。

《中华人民共和国招标投标法》第六条规定：依法必须进行招标的项目，其招标投标活动不受地区或者部门的限制。任何单位和个人不得违法限制或者排斥本地区、本系统以外的法人或者其内他组织参加投标，不得以任何方式非法干涉招标投标活动。

《中华人民共和国政府采购法实施条例》第二十二条规定：联合体中有同类资质的供应商按照联合体分工承担相同工作的，应当按照资质等级较低的供应商确定资质等级。以联合体形式参加政府采购活动的，联合体各方不得再单独参加或者与其他供应商另外组成联合体参加同一合同项下的政府采购活动。

特定区域和行业业绩倾向反映了项目采购部门扶持本地区企业的愿望和对项目经验的要求，但不能在招标文件中限制其他地区投标人，应维护项目招标的公平性。监理人员应通过审核招标文件等，避免建设单位出现违规情况。

案例 11　将资质作为招标门槛合理吗？

要点：除非采购人有特定需求，如信创项目对保密资质的要求，否则将资质作为招标门槛缺乏合理性。

监理价值：监理人员可以协助建设单位区分招标文件中对供应商进行区别对待的具体表现，避免在招标文件中设置不合理的资质要求。

在某信息化项目的招标阶段，监理人员在协助建设单位审核设备集成标段拟发布的招标公告时发现，公告对投标人的资质要求为系统集成一级资质。监理人员认为，该内容可能会引起争议，建议调整公告和招标文件，将资质作为加分项。建设单位采纳了监理人员的建议。

《中华人民共和国政府采购法》第二十二条规定，供应商参加政府采购活动应当具备下列条件：①具有独立承担民事责任的能力；②具有良好的商业信誉和健全的财务会计制度；③具有履行合同所必需的设备和专业技术能力；④有依法缴纳税收和社会保障资金的良好记录；⑤参加政府采购活动前三年内，在经营活动中没有重大违法记录；⑥法律、行政法规规定的其他条件。采购人可以根据采购项目的特殊要求，规定供应商的特定条件，但不得以不合理的条件对供应商实行差别待遇或者歧视待遇。

《中华人民共和国政府采购法实施条例》第二十条规定，采购人或者采购代理机构有下列情形之一的，属于以不合理的条件对供应商实行差别待遇或者歧视待遇：①就同一采购项目向供应商提供有差别的项目信息；②设定的资格、技术、商务条件与采购项目的具体特点和实际需要不相适应或者与合同履行无关；③采购需求中的技术、服务等要求指向特定供应商、特定产品；④以特定行政区域或者特定行业的业绩、奖项作为加分条件或者中标、成交条件；⑤对供应商采取不同的资格审查或者评审标准；⑥限定或者指定特定的专利、商标、品牌或者供应商；⑦非法限定供应商的所有制形式、组织形式或者所在地；⑧以其他不合理条件限制或者排斥潜在供应商。

案例 12　如何处理采购数量不确定的问题？

要点：可以采用采购入围、总体框架协议、统招分签、暂估价等方法处理采购数量不确定的问题。

监理价值：监理人员可以通过在采购文件中明确可根据项目实际情况调整采购数量和比例等，协助建设单位处理采购数量不确定的问题。

在某信息化项目的招标阶段，监理人员协助建设单位审核项目招标文件，发现在服务器采购和集成标段招标文件中，有"目前确定的项目实施节点数量和设备数量为暂定数量，项目实施期间可能发生调整，委托方可根据实际节点确定合同金额"的描述，但没有说明节点数量调整的范围。监理人员指出，投标人按照此暂定数量形成的采购金额会影响后续调整的采购金额的确定，如果调整的采购金额超过原合同采购金额的 10%，则需要重新组织招标。因此，监理人员建议对招标文件进行补充，说明节点数量调整的范围。建设单位采纳了监理人员的建议。

《中华人民共和国政府采购法》第四十九条规定：政府采购合同履行中，采购人需追加与合同标的相同的货物、工程或者服务的，在不改变合同其他条款的前提下，可以与供应商协商签订补充合同，但所有补充合同的采购金额不得超过原合同采购金额的百分之十。

第 2 章

合同签订阶段

案例所属项目类型：通用。

案例合规性：政策合规。

问题场景：合同签订滞后、合同金额与中标金额不一致、中标单位拒签合同、合同洽商资料收集和归档等问题。

监理人员应按照《中华人民共和国招标投标法》《中华人民共和国招标投标法实施条例》《中华人民共和国政府采购法》《中华人民共和国政府采购法实施条例》《国家电子政务工程建设项目档案管理暂行办法》的要求，处理好合同签订滞后、合同金额与中标金额不一致、中标单位拒签合同、合同洽商资料收集和归档等问题，以保障合同管理的规范性。

案例 13　合同签订超期会有损失吗？

要点：合同是项目开工的重要条件，也是项目管理各方全过程检查承建单位履约情况的依据。

监理价值：实践表明，项目实施过程中任何环节的滞后，都会对项目整体进度产生影响。对于有严格的时限及成果要求的项目，监理人员可以协助建设单位，在制定明确项目合同审核及批复管理流程的同时，加快合同签订工作，并在合同中明确对项目建设周期、阶段性成果、项目延期的要求，确保合同对承建单位的全过程约束，避免在合同生效空档期发生违约情况。

在某信息化项目的合同签订阶段，出于业务应用需求，建设单位希望对设备采购标段招标文件中要求的设备参数进行调整，并在合同中明确。建设单位与承建单位进行两次非正式洽商，承建单位以合同金额与中标金额应保持一致为由，没有做出调整承诺，双方未达成共识，合同无法签订。建设单位咨询监理人员的意见，监理人员认为，刚中标就调整合同违反相关规定，建议由建设单位组织承建单位、监理单位相关人员开展专题会，讨论设备参数调整产生的成本，如果能够控制在中标金额的 10% 以内，可以先签订合同，结合项目实际需求进行项目深化设计，再按照项目变更流程进行处理。建设单位采纳了监理人员的建议，按时完成了合同签订工作。

《中华人民共和国政府采购法》第四十六条规定：采购人与中标、成交供应商应当在中标、成交通知书发出之日起三十日内，按照采购文件确定的事项签订政府采购合同。中标、成交通知书对采购人和中标、成交供应商均具有法律效力。中标、成交通知书发出后，采购人改变中标、成交结果的，或者中标、成交供应商放弃中标、成交项目的，应当依法承担法律责任。

《中华人民共和国招标投标法》第四十六条规定：招标人和中标人应当自中标通知书发出之日起三十日内，按照招标文件和中标人的投标文件订立书面合同。招标人和中标人不得再行订立背离合同实质性内容的其他协议。招标文件要求中标人提交履约保证金的，中标人应当提交。

《中华人民共和国招标投标法实施条例》第五十七条规定：招标人和中标人应当依照招标投标法和本条例的规定签订书面合同，合同的标的、价款、质量、履行期限等主要条款应当与招标文件和中标人的投标文件的内容一致。招标人和中标人不得再行订立背离合同实质性内容的其他协议。招标人最迟应当在书面合同签订后 5 日内向中标人和未中标的投标人退还投标保证金及银行同期存款利息。

信息化项目合同签订时间超过三十日的情况较为常见，一是因为建设单位合同审批流程较长，二是因为双方在关键条款的确定上存在分歧，三是因为在合同签订过程中发生了不可预见的调整。监理人员应协助建设单位制定完善的项目管理制度，明确关键条款，避免在合同签订环节出现问题。

案例 14   合同金额与中标金额不一致怎么办？

要点：手续不合规及合同金额与中标金额不一致等情况，是审计机构关注的重点。

监理价值：监理人员了解项目中标内容与合同签订内容的有关规定，可以协助建设单位分析项目的实际情况，除非特定原因，应避免出现合同的主要条款与招标文件和中标文件不一致的情况。监理人员应协调项目相关方签署必要文件，包括洽商记录、合同补充条款等。

在某信息化项目的合同签订阶段，监理人员在审核某标段合同服务器采购数量时发现，合同金额比中标金额高 6 万元，约为中标金额的 3%，监理人员及时与建设单位沟通，相关人员解释道，项目招标文件中明确指出本次招标所涉及的服务器数量为暂定数量，委托人可根据实际需求，在合同签订环节对设备数量进行调增或调减，但调整比例不超过设备总数的 10%，目前确定只增加 2 台同规格服务器，计划直接在合同采购数量中明确。监理人员认为，尽管招标文件中有明确要求，但合同中的设备数量及金额与中标文件中的设备数量及金额不一致，不符合相关规定。建议合同金额与中标金额保持一致，增加的 2 台同规格服务器设备可通过签订补充合同的方式进行采购，并办理项目变更手续。建设单位采纳了监理人员的建议。

《中华人民共和国招标投标法实施条例》第五十七条规定：招标人和中标人应当依照招标投标法和本条例的规定签订书面合同，合同的标的、价款、质量、履行期限等主要条款应当与招标文件和中标人的投标文件的内容一致。招标人和中标人不得再行订立背离合同实质性内容的其他协议。招标人最迟应当在书面合同签订后 5 日内向中标人和未中标的投标人退还投标保证金及银行同期存款利息。

监理人员应认识到项目合理的调整是法规允许的，但过程资料必须完整。

案例 15　中标单位拒签合同怎么办?

要点:中标单位因自身原因拒签合同属于违规行为,需要承担法律责任。

监理价值:监理人员可根据相关规定,协助建设单位对中标单位违反招标文件要求和投标承诺、拒不接受合同中全部或部分关键条款,以及中标单位以恶意低价中标、合同实施中借故追加价款的行为进行预防和制止,并根据相关法规,追究中标单位的法律责任,保护建设单位的权益。

在某信息化项目的合同签订阶段,台式计算机供应商以无法提供合同中规定的项目实施文件为由,拒绝签订合同,双方经过数次有法律顾问参加的协商,未能达成共识,建设单位计划废除此标段的中标结果。监理人员认为,中标单位违反了相关规定,建设单位可以追究中标单位的法律责任。由于该标段采购的投标保证金为招标预算的 2%,中标金额为 2000 万元,建议从中标单位的投标保证金中扣款,金额不超过中标金额的 1%,同时规定该中标单位在 3 年内不得参加建设单位组织的招标工作。建设单位采纳了监理人员的建议，按中标单位中标金额的 1%扣除相关费用。

部分投标单位采取恶意竞争的方式骗取中标，而后借故拒不接受合同关键条款，或者在实施过程中擅自调整建设内容，侵犯建设单位的合法权益。监理人员应协助建设单位做好项目资金管理，避免影响项目建设。

案例 16　为什么要完成合同洽商资料收集和归档？

要点：与合同签订、变更、处罚或终止行为相关的洽商资料是体现项目管理各方履行责任的有效文件。项目档案完整、真实是审计机构和验收专家关注的重点。

监理价值：监理人员可协助建设单位制定项目管理制度、履行管理职责，所有与资金管理相关的事项都要通过项目管理制度规定的流程进行确认，并及时收集管理过程中形成的文件，做到过程留痕、文件成果归档。

在某信息化项目的验收准备阶段，监理人员在配合审计机构审查项目文件时发现，某应用软件开发标段合同发生了费用核减，变更手续和补充合同齐全，但三方人员会议备忘签字页上的建设单位人员签字有些模糊，审计人员提出疑问。监理人员进行了情况说明，建设单位、监理单位和承建单位专题会备忘是原件的复印件，并且在会前，建设单位没有明确具体参会人员，监理人员准备的会议签到表上没有打印的人员姓名，会议备忘原件和签到表在建设单位进行内部签报时一并提交，如有必要，可协调建设单位收集原件。审计人员认为，补充合同和变更手续已经能对相关调整进行解释，组织项目洽商是必要的，审查的目的是确定资料的真实性，建议监理人员协调建设单位澄清即可。

《国家电子政务工程建设项目档案管理暂行办法》第十四条规定：电子政务项目实施机构归档的纸质文件应为原件或正本，且签章手续完备。同时应注重对电子文件、照片、录像等各种类型、载体文件材料的收集、归档。电子文件的归档范围参照纸质文件归档范围。第二十四条规定了档案竣工验收主要内容及基本要求：①电子政务项目实施机构明确档案管理体制和职责，建立档案工作规章制度和业务规范，采取有效措施对本单位和各参建单位形成的档案进行统一管理；②电子政务项目文件材料的收集、整理和归档纳入合同管理，要求明确，控制措施有效；③电子政务项目文件材料的收集、整理、归档和档案的整理与移交符合有关档案管理标准的要求。电子政务项目档案完整、准确、系统、规范；④保证档案实体和信息的安全，档案装具、归档文件的制成材料符合耐久性要求。

监理人员在保障项目文件真实和完整的同时，应协助建设单位做好项目会议的管理工作，如在签到表中体现打印和实签的人员姓名，收集归档的文件为原件或正本，如果确实无法收集原件，需要说明原件的存放位置。

第 3 章

实施预备阶段

案例所属项目类型：通用。

案例合规性：管理合规。

问题场景：签发开工令的范围、时间和补充问题。

监理单位依据 GB/T 19668 和档案归档及保管要求，协助建设单位及时办理开工手续、签发项目开工令，为项目审计提供手续支撑，保障项目档案完整。

案例 17　开工令的作用是什么？

要点：开工令是确认合同起始时间的重要文件，是审计机构审查合同履行完整性和进行违约责任判定的重要依据，也是验收专家判定监理工作是否规范的重要内容。

监理价值：监理人员通过签发开工令明确项目启动时间，并与项目延期结合，监督项目按合同规定实施，协助建设单位管控整个项目周期。

在某信息化项目的实施预备阶段，监理人员在审核各承建单位开工报审材料时发现，项目总集成单位未提交开工申请，理由是总集成单位只负责项目深化设计、技术管理及技术成果交付，不参与具体项目实施，可以不纳入开工流程管理。监理人员指出，项目总集成单位也有合同履行责任，全程参与项目建设过程，开工手续是合同执行的起点，因此必须办理开工手续。

《信息技术服务　监理　第 1 部分：总则》（GB/T 19668.1—2014）指出：监理机构应审核承建单位工程实施计划的合理性，审核后签署监理审核意见。承建单位提交开工申请表后，监理机构应审核开工申请，检查工程准备情况。工程实施条件具备时，总监理工程师应签发开工令，并报业主单位签认，通知承建单位开始工程实施。

监理单位签发开工令的前提是承建单位已完成实施前的准备工作，包括授权文件、施工图、施工组织方案、安全施工协议等文件齐全，以及软件项目实施计划（含有质量保证计划、配置管理计划）审批通过等。

案例 18　软件项目也需要签发开工令吗？

要点：软件项目的开发周期长、需求不确定性强、项目延期频繁，为约束承建单位按照合同规定完成设计、部署和验收工作，需要签发开工令，明确项目启动时间。

监理价值：软件项目前期调研、方案评审时间较长，经常存在业务需求不明确、项目边界不清晰等情况，导致项目需求及进度调整，监理人员可协助建设单位通过明确项目启动时间，审核项目延期及变更的合规性及可行性，提高对软件项目的合同履行过程的管控能力。

在某软件项目中，在合同签订后，监理人员审核了项目实施方案、进度计划等内容，认为项目已具备开工条件，要求承建单位开始进行开工申报。承建单位提出，软件项目不同于系统集成，可以不进行开工申报。监理人员指出，开工令签发日期即开工的实际日期，项目验收专家和审计机构都会关注，因此必须完成开工申报。

在软件项目的实施过程中，经常存在业务需求不明确、项目边界不清晰及需求反复修改等情况，导致项目进度调整，监理人员应明确项目开工令的签发时间是后续工作的时间起点，可以作为制订项目计划及进行延期判定的重要依据。如果承建单位违约，也可以依据此时间按照合同进行处罚。目前，多数软件项目都会在合同中设置多节点的完成周期和逾期处罚的条款。

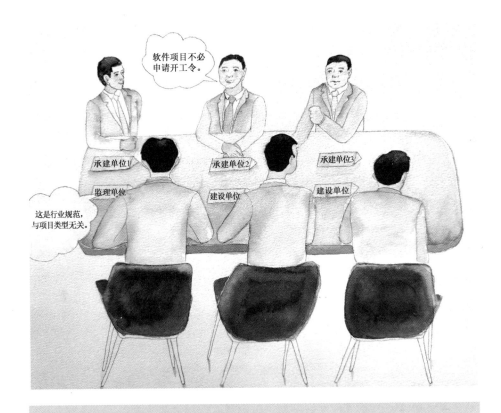

案例 19　为什么要对所有建设单项签发开工令？

要点：大型信息化项目往往规划多个标段同步实施，为保证项目管理规范，每个标段都应签发开工令。

监理价值：项目各标段招标、合同签订、进场实施时间不同，监理单位通过开工令明确各合同的起始时间，协助建设单位管控合同履行情况及项目进度违约情况。

对于某信息化项目，由于各标段的起始时间、开工条件、验收时间等不尽相同，各标段均签发了开工令。软件测试单位与等保测评单位进场后，建设单位提出需要监理单位审核并签发开工令。监理人员认为软件测试单位与等保测评单位属于在项目某节点进入的第三方机构，具有独立性，成果明确且单一。监理单位只需要依据合同约定监督执行过程和成果是否合规，不需要单独签发开工令。

《国家电子政务工程建设项目档案管理暂行办法》第十六条规定：档案保管期限分为永久、30 年、10 年三种。电子政务项目档案保管期限为 30 年的对应《国家重大建设项目文件归档要求与档案整理规范》中的长期，保管期限为 10 年的对应短期。

监理单位应对包含建设内容的标段或服务签发开工令，对于测试、测评、审计等以结果性报告为结束点的服务来说，签发开工令的必要性不大，监理单位应在与建设单位沟通后，确定是否需要签发开工令。

案例 20　后补开工令合理吗？

要点：当出现监理单位后进场、合同签订滞后等情况时，可以通过后补开工令来保证项目文件齐全完整。

监理价值：当在项目实施过程中未同步出具开工令时，监理人员应通过对前期实施情况进行审查分析，复核合同实施是否符合进度要求，在与建设单位沟通并达成共识后，按照实际情况补充出具开工令，避免后续项目延期无时间依据，协助建设单位保障项目验收和审计的过程资料规范、完整。

在某信息化项目实施后期，建设单位以验收式监理模式引入监理单位，监理人员进场后发现，应用软件开发标段进度严重超过了合同中约定的建设周期和验收节点。监理人员指出，由于合同中未明确约定项目的开工时间且未办理开工手续，监理人员在判定项目延期的量化指标时缺乏依据，同时建设单位也确认软件系统应用部门多次提出需求调整，因此建设单位依据合同条款追究承建单位的违约责任难以界定。监理人员建议召开建设单位、监理单位和承建单位共同参加的专题会，确定合同履行的起始时间，由监理单位以监理意见方式补发项目开工时间的说明文件，承建单位配合监理单位办理项目延期手续。鉴于项目滞后较为严重，要求承建单位按照会议要求的期限，完成项目开发和验收工作。

由于项目开工令是《国家电子政务工程建设项目档案管理暂行办法》明

确的归档文件，也是审计机构审查承建单位违约责任的依据，监理单位应做好项目开工程序的管理工作。

对于投资规模大、合同项较多的综合性项目，开工令涉及的文件数量和签字量较大，由于文件有时效性要求，监理人员应尽量避免项目后期进行补发。因各种原因出现缺失、必须进行补充的，监理人员应对前期内容进行审核，并在与项目建设单位和承建单位沟通后进行补充。监理单位先于承建单位进场，能更好地协助建设单位保证项目管理的合规性和文件的完整性。

第4章

实施阶段

4.1 软件项目评审的合规性案例

案例所属项目类型：软件。

案例合规性：管理合规。

问题场景：软件设计方案评审问题、专家签字问题、专家人数问题。

监理人员依据相关国际标准，参照《中华人民共和国招标投标法》《中华人民共和国政府采购法》《政府采购货物和服务招标投标管理办法》，向建设单位说明组织专家评审会的必要性，提出人员构成建议，完成对软件设计的管控。

案例21 如何确认复杂软件设计方案？

要点：对于建设目标和业务流程复杂、技术指标量化难度大的项目，应邀请相应领域的专家进行评审。

监理价值：考虑软件设计方案与项目合同、建设目标、业务目标的一致性，应先评审再实施。监理人员可以协助建设单位对软件设计方案进行审核，对概要设计、详细设计（含数据库设计）等分别出具监理意见。监理人员依据行业特点、业务流程复杂性、与其他系统的关系等，协助建设单位确定邀请行业专家的必要性。对于投资规模大、标段多的项目，协助建设单位制定规范的项目评审制度和管理流程。

某软件项目规划了 8 个软件开发标段，其中 6 个标段涉及业务应用，系统之间存在集成关系。建设单位向监理人员咨询各标段设计方案评审方式，监理人员指出，由于软件开发标段较多，涉及复杂业务及系统的衔接，建议组织专家评审会，对有集成关系的系统一同进行评审，确保各系统的技术可行性。建设单位采纳了监理单位的建议。

需求规格说明书、概要设计说明书、详细设计说明书等文件是《国家电子政务工程建设项目档案管理暂行办法》的附件（《国家电子政务工程建设项目文件归档范围及保管期限表》）中明确的重要内容。《信息技术服务 监理 第 1 部分：总则》（GB/T 19668.1—2014）指出：必要时，监理机构应协助业主单位组织专业人员评审工程设计方案。

软件设计方案获得使用部门的确认较为困难，对于复杂业务应用系统设计来说，监理人员协助建设单位组织专家评审会并邀请用户代表参加是非常必要的。

案例 22　专家不在软件设计方案评审意见上签字会有什么问题？

要点：软件设计方案是软件项目建设的指导性文件，也是项目验收的依据。

监理价值：监理人员能够协助建设单位完成对软件设计方案的审核，并根据需要组织专家评审会，确保对评审过程记录进行归档，包括会议议程、会议签到表、评审结论等，保证评审过程和评审手续完整。缺少专家签字的评审意见无法体现评审的有效性。

在某软件项目中，承建单位对业务需求调研不足、设计能力较弱，设计方案与初步设计目标和招标要求偏离较大，建设单位希望组织专家评审会，对设计方案进行把控和纠偏。建设单位就专家评审会形式咨询监理人员的意见，监理人员认为，由于设计方案问题较多，如果直接开展专家评审会，专家可能因为责任较大而拒绝在评审意见上签字或给出评审不通过的意见；建议先组织专家咨询会，对设计方案提出整改意见，再根据整改情况组织专家评审会。建设单位采纳了监理人员的建议，要求承建单位开展需求调研，建设单位组织由行业专家和用户代表参加的专家咨询会，之后召开专家评审会并获得通过。

《国家电子政务工程建设项目档案管理暂行办法》第十四条规定：电子政务项目实施机构归档的纸质文件应为原件或正本，且签章手续完备。同时应注重对电子文件、照片、录像等各种类型、载体文件材料的收集、归档。电子文件的归档范围参照纸质文件归档范围。

信息化项目建设中多个环节的文件需要建设单位、监理单位、承建单位中的三方或两方签字盖章，相关计划、方案、手续文件既是项目重要档案，也是验收专家、审计机构审查的重点。监理人员应协助建设单位管理项目文件的签字盖章环节。

案例23 软件概要设计和详细设计都要组织评审吗？

要点：软件概要设计是关键成果，其建设目标、系统架构、关键技术应用和主要功能应与项目批复内容保持一致，需要组织评审。

监理价值：监理人员可以协助建设单位分别组织概要设计和详细设计评审，并结合项目进度要求简化评审流程，在保证设计方案与项目整体目标一致的基础上，提高评审效率。

在某软件项目的实施过程中，建设单位指出，目前项目工期较为紧张，前期调研耗费时间较长，向监理人员咨询概要设计和详细设计是否可以只评审一个及应该评审哪个。监理人员认为，从项目管理的角度来看，概要设计和详细设计都应该组织评审，而按照国家标准的要求，组织概要设计评审更为必要。考虑到概要设计可以确定项目的技术性和目标遵从性，详细设计更能体现项目的功能和终端用户使用取向，可以将概要设计和详细设计一同评审，但需要分别出具评审意见。建设单位采纳了监理人员的建议。

《信息技术服务 监理 第5部分：软件工程监理规范》（GB/T 19668.5—2018）指出：监理机构应审查承建单位提交的需求分析计划，组织对系统需求进行评审；监理机构应协助建设单位以审核、确认、联合评审等方式对系统概要设计进行评价；监理机构应检查承建单位编制的详细设计和数据库设计。

监理人员还应协助建设单位对混淆项目概要设计和详细设计的情况进行纠正，规范对软件项目的管理。

案例 24　单独组织数据库设计评审是必要的吗？

要点：数据库设计合理是应用系统满足性能要求的必要条件，对于用户多、高峰时段并发访问量剧增的软件来说，应组织专家评审会。

监理价值：监理人员能够分析项目业务逻辑复杂度、数据关联度，以及评价数据结构的合理性、进行压力测试等，可以协助建设单位审核数据库设计并提出监理意见，根据系统并发访问、数据同步等方面的风险，向建设单位提出数据库设计评审方式建议。

在某软件项目的数据库设计阶段，进度有一定的滞后，承建单位向建设单位提出，概要设计已通过专家评审，计划不单独组织数据库设计评审，建设单位就该事项咨询监理人员。监理人员认为，规范的项目管理方式要求概要设计、详细设计和数据库设计都要组织专家评审，还应单独装订相关文件。

由于存在进度滞后的情况，可以考虑将数据库设计和详细设计一同评审。建设单位采纳了监理人员的建议，邀请 5 名行业专家对详细设计和数据库设计进行了评审，并分别形成了评审意见。

案例 25　软件设计方案评审专家人数必须为单数吗？

要点：评审专家人数为单数是建设单位参照相关法规对项目评标的管理实践，软件设计方案评审更强调根据项目特点和业务属性选择专家。

监理价值：监理人员可以在对设计方案进行审核并形成监理意见的基础上，协助建设单位分析设计方案的复杂性和特定需求，规划评审方式及专家团队的专业构成和最少人员数量，协助做好评审组织工作和评审资料收集与归档工作。

在某软件项目的设计方案评审过程中，建设单位向监理人员咨询将评审专家人数设置为单数的依据。监理人员指出，评审专家人数为单数是规定，且具体人数要根据项目投资规模和复杂程度确定，在评标环节存在小组表决的情况，将评审专家人数设置为单数有利于确定评标结果。而设计方案评审需要专家对结果达成共识，不依据少数服从多数的原则，因此只需要根据业务和技术的实际情况确定专家的专业适配性和人数。

《中华人民共和国招标投标法》第三十七条规定：评标由招标人依法组建的评标委员会负责。依法必须进行招标的项目，其评标委员会由招标人的代表和有关技术、经济等方面的专家组成，成员人数为五人以上单数，其中技术、经济等方面的专家不得少于成员总数的三分之二。前款专家应当从事相关领域工作满八年并具有高级职称或者具有同等专业水平，由招标人从国务院有关部门或者省、自治区、直辖市人民政府有关部门提供的专家名册或者招标代理机构的专家库内的相关专业的专家名单中确定；一般招标项目可以采取随机抽取方式，特殊招标项目可以由招标人直接确定。与投标人有利害关系的人不得进入相关项目的评标委员会；已经进入的应当更换。评标委员会成员的名单在中标结果确定前应当保密。

《政府采购货物和服务招标投标管理办法》第四十七条规定：评标委员会

由采购人代表和评审专家组成，成员人数应当为 5 人以上单数，其中评审专家不得少于成员总数的三分之二。采购项目符合下列情形之一的，评标委员会成员人数应当为 7 人以上单数：①采购预算金额在 1000 万元以上；②技术复杂；③社会影响较大。评审专家对本单位的采购项目只能作为采购人代表参与评标，本办法第四十八条第二款规定情形除外。采购代理机构工作人员不得参加由本机构代理的政府采购项目的评标。评标委员会成员名单在评标结果公告前应当保密。

《中华人民共和国政府采购法》和《政府采购竞争性磋商采购方式管理暂行办法》中提到竞争性谈判小组、询价小组和磋商小组，明确要求其成员数量为 3 人以上单数且专家人数不得少于成员总数的三分之二。

监理人员应注意到，上述文件都提到专家人数不得少于成员总数的三分之二。

4.2 机房与集成项目设计和施工的合规性案例

案例所属项目类型：机房与集成。

案例合规性：政策合规、标准合规。

问题场景：项目实施规范、施工安全规范等问题。

监理人员应了解强制性国家标准、密码应用要求、设备配置调整程序、新旧标准遵从问题及施工安全规范等，协助建设单位保障项目方案的合规性和施工过程的安全性。

案例 26　如何正确理解对强制性国家标准的遵从？

要点：机房或数据中心建设的设计和验收，应遵守强制性国家标准。

监理价值：监理人员应正确区分已发布标准为全文强制性或条文强制性，并确定其时效性要求，以协助建设单位明确在项目设计、实施和验收阶段对标准的遵从。

　　在某大型数据中心机房项目的设计阶段，监理人员在审核时发现，承建单位的设计方案中引用是已经废止的标准，相关技术指标均按旧标准配置。另外，该机房属于 A 级，设计方案中缺少核心网络设备的容错设计。监理人员及时与建设单位沟通，说明按照新标准进行设计的必要性，指出承建单位应对设计方案进行修改并组织专家评审会。

　　《数据中心设计规范》（GB 50174—2017）于 2018 年 1 月 1 日实施，其中防雷与接地、消防与安全为强制条文，与 2008 年版相比，增加了对网络系统和灾备数据中心等的设计要求。

　　机房设计和建设应遵循的部分标准和规范如下。

　　（1）《数据中心设计规范》（GB 50174—2017）。

　　（2）《计算机场地通用规范》（GB/T 2887—2011）。

　　（3）《计算机场地安全要求》（GB/T 9361—2011）。

　　（4）《建筑物防雷设计规范》（GB 50057—2010）。

　　（5）《低压配电设计规范》（GB 50054—2011）。

　　（6）《通信电源设备安装工程设计规范》（GB 51194—2016）。

　　（7）《电磁环境控制限值》（GB 8702—2014）。

　　（8）《气体灭火系统施工及验收规范》（GB 50263—2007）。

　　（9）《火灾自动报警系统设计规范》（GB 50116—2013）。

　　（10）《建筑设计防火规范》（GB 50016—2014）。

　　（11）《供配电系统设计规范》（GB 50052—2009）。

　　（12）《防静电活动地板通用规范》（GB/T 36340—2018）。

　　（13）《数据中心基础设施施工及验收规范》（GB 50462—2015）。

　　（14）《通风与空调工程施工质量验收规范》（GB 50243—2016）。

　　（15）《建筑电气工程施工质量验收规范》（GB 50303—2015）。

（16）《电气装置安装工程 电缆线路施工及验收标准》（GB 50168—2018）。

（17）《电气装置安装工程 接地装置施工及验收规范》（GB 50169—2016）。

（18）《建筑照明设计标准》（GB 50034—2013）。

机房主要进行数据存储、网络运行和运维管理，要严格遵守相关标准进行设计规划，监理人员应协助建设单位做好新旧标准过渡期项目的设计、实施和验收工作，推动建设单位、承建单位对机房系统工程需求和设计进行规范化描述，为工程实施提供优质设计方案，并在实施前协助建设单位、承建单位消除设计方案中的可预见缺陷。

案例27　如何在机房项目中把握消防新要求？

要点：机房项目中的消防专业设计、实施和验收，都由国家强制要求，新的政策、法规和标准的出台，可能带来项目实施要求的变化。

监理价值：监理人员可以帮助建设单位做好项目在标准过渡期的落实工作，同时把握在新法规和标准下对承建单位施工资质及人员资格的要求。

在某机房改造项目的设计方案评审阶段，监理人员在审核设计方案时发现了一些问题，其消防设施根据旧标准设计。监理人员认为，消防安全和消防设施设置属于强制性国家标准中的强制条文，涉及消防部门的专项检查和验收，必须遵从最新施行的标准进行设计，建议承建单位进行修改。建设单位采纳了监理单位的建议，要求承建单位详细检查设计方案中引用标准的时效性，按照最新发布的标准进行设计。

在项目实施过程中，监理人员应时刻把握"安全无小事"的原则，从安全性、可靠性、工程造价、环保及运维成本等方面综合分析消防设计方案，协助建设单位从项目设计源头消除安全隐患和风险。

案例28　为什么要强调密码应用的合规性？

要点：密码是网络安全的核心技术和基础支撑，密码应用和管理涉及国家安全。

监理价值：监理人员了解信息化项目的密码应用要求，可协助建设单位在非涉密项目中应用商用密码，并将其作为独立成果进行规划设计、建设和运行。监理人员能够协助建设单位保障密码产品的合规性。

在某集成项目的方案设计阶段，监理人员在审核安全系统设计方案时发现，其采用的密码产品缺少相关机构出具的检测报告。监理人员与建设单位沟通后，要求承建单位重新修订方案，保证项目采购的密码产品符合《中华人民共和国密码法》的规定。

《国务院办公厅关于印发国家政务信息化项目建设管理办法的通知》（国办发〔2019〕57号）中的多项内容涉及密码应用、密码管理和评估。第十六条规定：项目应当采用安全可靠的软硬件产品。在项目报批阶段，要对产品的安全可靠情况进行说明。项目软硬件产品的安全可靠情况，项目密码应用和安全审查情况，以及硬件设备和新建数据中心能源利用效率情况是项目验收的重要内容。

《中华人民共和国密码法》第二十六条规定：涉及国家安全、国计民生、社会公共利益的商用密码产品，应当依法列入网络关键设备和网络安全专用产品目录，由具备资格的机构检测认证合格后，方可销售或者提供。商用密码产品检测认证适用《中华人民共和国网络安全法》的有关规定，避免重复检测认证。商用密码服务使用网络关键设备和网络安全专用产品的，应当经商用密码认证机构对该商用密码服务认证合格。

监理人员可协助建设单位，确保密码产品由商用密码认证机构认证合格，并注重将商用密码应用评估与等保测评分离，避免重复测评，提高资金使用效率。

案例 29　进行设备配置调整需要完成哪些程序？

要点：在项目建设过程中，设备配置与招标文件或合同不一致的情况时有发生，判断调整的合理性十分关键，应避免发生违规调整行为。

监理价值：监理人员具备正确区分合理变更和随意改变招标文件规定的内容的能力，能够协助建设单位检查承建单位提供的说明性文件（如原厂开具的停产说明等），拒绝各种不合理的调整。同时，监理人员应根据项目实际需求协助建设单位制定可行的调整方案，保护建设单位的权益。

在某集成项目中，监理人员发现，与招标文件及合同相比，深化设计方案中的存储容量有所增加，设备成本也做了相应调整。监理人员协调建设单位组织了专题会，承建单位提出，由于建设单位业务部门调整，用户范围和需要整合的数据有较大扩充，增加存储容量是必要的。监理人员指出，方案调整可通过变更解决，但增加的费用超过了合同金额的10%，如果变更则需要重新招标，不仅会影响项目进度，还会提高不确定性。根据项目整体进度要求，监理人员建议，如果仅对存储容量进行变更，变更金额不能超过合同金额的10%，此方式最为简单，对项目进度影响最小；如果确实需要超过合同金额的10%，建议采用概算调整方式，将调整资金控制在项目概算总投资的15%以内，将调整方案上报并备案，此种调整方式的项目进度可控且程序合规。建设单位与承建单位进行深入讨论后，确定采取合同变更方式，将变更金额控制在合同金额的 10% 以内。

《国务院办公厅关于印发国家政务信息化项目建设管理办法的通知》（国办发〔2019〕57 号）第二十三条规定，项目投资规模未超出概算批复、建设目标不变，项目主要建设内容确需调整且资金调整数额不超过概算总投资 15%，并符合下列情形之一的，可以由项目建设单位调整，同时向项目审批部门备案：①根据党中央、国务院部署，确需改变建设内容的；②确需对原项目技术方案进行完善优化的；③根据所建政务信息化项目业务发展需要，在已批复项目建设规划的框架下调整相关建设内容及进度的。不符合上述情形的，应当按照国家有关规定履行相应手续。

设备配置调整会出现在项目建设全生命周期的各环节，包括招标和前期概算相对初步设计方案的调整、合同相对招标文件的调整、深化设计方案相对合同的调整、设备到货验收相对设计方案及合同的调整、追加合同中同类设备数量的调整等。

案例 30　在新旧标准交割期是否必须按新标准组织项目验收？

要点：在项目建设完成前，如果新标准没有正式发布施行，项目验收可遵从设计中要求的标准。

监理价值：监理人员可建议建设单位采用"老项目老标准、新项目新标准"，即已经完成主体建设的内容按照既定标准进行项目验收；未建内容按照新标准进行规划、实施和验收。对于涉及国家相关部门验收的事项（如消防验收等），如果新标准在项目验收前正式实施，监理人员应协助建设单位按照新标准进行必要的整改、落实，并按照规定的程序组织验收。

机房项目涉及的单项较多，如果在项目实施阶段遇到新政策与标准颁布，在对项目建设目标没有影响的情况下，建设单位可选择项目验收遵从新标准或既定标准尽快验收；如果项目处于启动阶段，则应按照新标准实施。

案例 31　机房项目的开工准备内容必须关注哪些环节？

要点：在机房项目中，由国家强制要求但未纳入合同的建设内容，也应列为开工准备内容。

监理价值：消防系统的备案和验收由国家强制要求，监理人员可依据强制性国家标准，协助建设单位做好项目设计，并依据程序办理备案、施工许可，配合检查和验收，对施工许可证进行审核，避免出现违规情况。

在某机房项目的实施过程中，建设单位准备召开项目施工启动会议，监理人员在审核项目招标文件和合同时发现，该项目需要进行消防设计，且承建单位尚未完成施工许可证的办理工作。监理人员向建设单位提出，应进行消防设计审查，并办理施工许可证。

《建筑工程施工许可管理办法》第二条规定：在中华人民共和国境内从事各类房屋建筑及其附属设施的建造、装修装饰和与其配套的线路、管道、设备的安装，以及城镇市政基础设施工程的施工，建设单位在开工前应当依照本办法的规定，向工程所在地的县级以上地方人民政府住房城乡建设主管部门（以下简称发证机关）申请领取施工许可证。工程投资额在 30 万元以下或者建筑面积在 300 平方米以下的建筑工程，可以不申请办理施工许可证。省、自治区、直辖市人民政府住房城乡建设主管部门可以根据当地的实际情况，对限额进行调整，并报国务院住房城乡建设主管部门备案。按照国务院规定的权限和程序批准开工报告的建筑工程，不再领取施工许可证。

《中华人民共和国消防法》第十条规定：对按照国家工程建设消防技术标准需要进行消防设计的建设工程，实行建设工程消防设计审查验收制度。

《北京市住房和城乡建设委员会关于开展建设工程消防验收、备案及抽查有关工作的通知（试行）》（京建发〔2019〕305 号）规定：依法应当进行消防设计审查的建设工程，未经消防设计审查或者审查不合格的，不予进行消防验收。建设单位申报消防验收或备案之前，应当先自行组织工程参建单位开展消防工程竣工验收，消防工程竣工验收合格的，应当及时向市区住房和城乡建设主管部门申请消防验收或申报消防备案，消防工程未经建设单位组织验收并合格的，不予进行消防验收、备案。

> **案例32 确定机房位置有哪些要点？**
>
> 要点：机房位置是项目审批部门关注的重要内容，对已批复项目的机房位置进行调整属于重大变更内容，是项目监管部门重点监督和审查的内容。
>
> 监理价值：监理人员依据机房设计规范，在审核承建单位深化设计方案与批复、招标文件及合同一致性的基础上，对机房位置的技术要素满足性进行复核，发现深化设计方案中的机房位置选择问题。

在某信息化项目批复的初步设计与投资概算报告中，明确在建筑的某层涉及多个专业机房。由于在项目批复过程中，该机构内部其他项目已在车库的地下一层（共三层）建设了有一定冗余空间的机房，除了需要进行电力扩容，其他均满足本项目的使用需求。建设单位就能否调整机房位置咨询监理人员。监理人员指出，机房位置调整属于重大变更内容，擅自调整违反财政部相关法规要求，但考虑到本项调整充分利用已建项目资源，便于建设单位后期统筹建设和运维管理，监理人员支持调整机房位置，并建议调整方案应符合《数据中心设计规范》（GB 50174—2017）和相关资金管理要求，监理单位应在调整过程中协助建设单位完成变更手续和过程管理。

《数据中心设计规范》（GB 50174—2017）第4.1.2节规定：设置在建筑物内局部区域的数据中心，在确定主机房的位置时，应对安全、设备运输、管线敷设、雷电感应、结构荷载、水患及空调系统室外设备的安装位置等问题进行综合分析和经济比较。

《基本建设财务规则》（中华人民共和国财政部令第81号）第三十条规定：项目主管部门应当会同财政部门加强工程价款结算的监督，重点审查工程招投标文件、工程量及各项费用的计取、合同协议、施工变更签证、人工和材料价差、工程索赔等。

监理单位应根据相关要求，协助建设单位审核机房建设内容，特别应关注重大变更内容。无特定原因和完整的审批手续，建设单位不能擅自改变机房位置。如果未按照设计规范确定机房位置，将存在安全隐患，极易引发电气事故、火灾事故、通信中断等，并造成财产损失与人身伤亡。

> **案例 33　机房荷载设计必须注重哪些安全性问题？**
>
> 要点：机房楼板的荷载能力与财产和生命安全密切相关，是审查的重要内容。
>
> 监理价值：监理人员了解机房设计规范和要求，可以协助建设单位加强对设计方案中荷载能力的审核。对于机房改造项目，应结合现有楼板的实际荷载能力，审核设计方案的合理性。

某机房改造项目的实施地点是某新建大楼的中间楼层，承建单位根据合同要求，按照 A 级机房的荷载能力进行设计，将 UPS 及电池等置于建筑的一层。由于前期承建单位调研不足，且机房位置在水平方向上有调整，经鉴定发现其不满足使用要求。承建单位提出能否将荷载要求调整为符合现有楼板荷载能力的 B 级机房。监理人员认为，机房应按照项目实际使用需求进行设计和建设，同时要满足合同约定的荷载要求，建议对楼板进行加固处理并由权威机构检测，超出合同金额的费用需要办理变更手续，变更金额不超过合同金额的10%，相关变更一定要经过专家论证和评审。建设单位采纳了监理人员的建议。

《数据中心基础设施施工及验收规范》（GB 50462—2015）规定：对改建、扩建工程的施工，需改变原建筑结构及超过原设计荷载时，必须具有确认荷载的设计文件。

《数据中心设计规范》（GB 50174—2017）规定：改建的数据中心应根据荷载要求进行抗震鉴定，并应符合现行国家标准《建筑抗震鉴定标准》GB 50023 的有关规定。经抗震鉴定后需要进行抗震加固的建筑，应按国家现行标准《混凝土加固结构规范》GB 50367、《建筑抗震加固技术规程》JGJ 116 和《混凝土结构后锚固技术规程》JGJ 145 的有关规定进行加固。当抗震设防类别为丙类的建筑改建为 A 级数据中心时，在使用荷载满足要求的条件下，建筑可不做加固处理。

机房项目中的机柜、空调、UPS等设备较重，当超过楼板的荷载能力时，为了保证建筑物的结构安全并满足抗震要求，一定要根据设备的重量、排列方式及各种梁板的布置来计算确定的机房建筑楼面等效均布活荷载值，尽早发现安全隐患，避免发生建筑物局部坍塌事故，威胁生命和财产安全。

案例34　为什么机房必须良好接地？

要点： 机房的防雷接地设计由国家强制要求，必须实现设备设施的等电位连接，保障人员生命安全和电气设备运行安全。

监理价值： 监理人员了解机房接地设计相关规范，能够按照保护性接地与功能性接地的连接方式要求，以及机房设计方案中等电位连接在接地构造施工方面的规范，从保障人员生命安全、电气设备运行安全的角度，协助建设单位把控机房接地设计和施工，防止机房设施中存在对地绝缘的孤立导体，保障生命和财产安全。

在某机房项目的深化设计阶段，因为招标文件及合同中没有做出明确要求，各方在项目防雷接地和防静电接地是否共用一组接地装置的问题上产生分歧。监理人员认为，可以采用两种方式：一是防雷接地和防静电接地都属于保护性接地，保护性接地和功能性接地（交直流接地、信号接地等）可以共用一组接地装置；二是如果单独设置防雷接地，其他保护性接地和功能性接地宜共用一组接地装置，并实现等电位连接，同时按照《建筑物防雷设计规范》（GB 50057—2010）采取防止反击的保护措施。经过讨论，建设单位同意按照监理人员提出的第二种方式进行设计。

《数据中心设计规范》（GB 50174—2017）规定：保护性接地和功能性接地宜共用一组接地装置，其接地电阻应按其中最小值确定。

《建筑物防雷设计规范》（GB 50057—2010）第4.3.4条规定：外部防雷装置的接地应和防雷电感应、内部防雷装置、电气和电子系统等接地共用接地装置，并应与引入的金属管线做等电位连接。外部防雷装置的专设接地装置宜围绕建筑物敷设成环形接地体。第4.3.6条规定：共用接地装置的接地电阻应按50Hz电气装置的接地电阻确定，不应大于按人身安全所确定的接地电阻值。

《建筑物电子信息系统防雷技术规范》（GB 50343—2012）第 5.2.5 条规定：防雷接地与交流工作接地、直流工作接地、安全保护接地共用一组接地装置时，接地装置的接地电阻值必须按接入设备中要求的最小值确定。

采用共用接地装置时，接地电阻值不应大于 1Ω，一旦漏电，会导致设备外壳带电，发生人员触电事故。监理人员通过加强对防雷接地施工和测试过程的监督，协助建设单位防范事故发生。

案例 35　机房配电系统施工必须检查哪些环节？

要点：配电系统的风险等级高，需要格外关注。

监理价值：监理人员依据规范对电源设备安装工程进行严格审核，在施工阶段对工程质量进行控制，对资料进行管理，履行建设工程安全生产管理法定职责，并协助建设单位对施工工序、施工人员配置、安全制度落实、施工成果检测等进行把控。

在某机房项目配电系统施工过程中，监理单位在现场巡检时发现较多问题，主要包括：①承建单位现场施工人员没有电工作业证、没有配备监督安全员；②随工采购到货的线缆及电气装置缺少国家相关检测机构提供的检测报告。监理人员及时向建设单位汇报情况并向承建单位发出监理通知单，要求承建单位进行整改，指派具有电工作业证的人员进行现场操作，配备专职安全员全程监督施工过程，加强安全制度和施工规范培训，同时要求承建单位出具线缆和电气装置检测报告，如果不能提供检测报告，则监理单位不对到货设备、材料进行确认。

《数据中心基础设施施工及验收规范》（GB 50462—2015）规定：配电系统的电气设备和材料，应符合国家电气产品安全的规定及设计要求。电气设备材料应进行进场验收，并应有检验记录及结论。

监理人员要高度重视对机房项目配电系统施工过程的管控，协助建设单位进行配电设施和材料质量检查，保障施工的规范性和安全管理，防止发生安全事故。

案例36 违规进行机房取电有哪些危害？

要点：机房用电涉及处于运行状态的核心设备和生产系统的安全，必须严格按照机房用电管理制度实施。

监理价值：UPS属于精密电源，对输出电压精度和频率精度的要求很高，尤其在信息系统生产环境中。监理人员通过掌握机房的实际情况，能够确定机房内有无设备及系统的运行状态，协助建设单位判断机房内施工用电的风险，并采取对应的管理措施。

在某机房改造项目的主机设备安装过程中，施工人员将电钻接到UPS的插座上进行操作。由于机房内有设备在运转，监理人员根据机房用电管理要求，制止了该行为，并建议使用施工移动式配电盘，从机房所在楼层附近的动力或照明配电箱接电。

《建设工程施工现场供用电安全规范》（GB 50194—2014）规定：供用电设施投入运行前，应建立、健全供用电管理机构，设立运行、维修专业班组并明确职责及管理范围。应根据用电情况制订用电、运行、维修等管理制度以及安全操作规程。运行、维护专业人员应熟悉有关规章制度。

已经交付使用的机房，包括改造中的机房，都有明确的用电管理制度，严禁在 UPS 的插座上接与机房设备无关的设备，特别是功率较大的电动工具，如果操作失误，极有可能造成 UPS 输出短路，导致全生产系统断电，严重的会造成 UPS 负载故障，并使业务数据丢失。监理人员在现场检查中发现此类问题应及时杜绝。

案例 37　设计方案调整需要履行哪些程序？

要点： 中标单位的投标方案可能存在局部设计不合理的情况，有必要进行深化设计和评审。

监理价值： 监理人员能够根据对机房项目施工现场的实际勘察和项目交底情况，协助建设单位处理招标前因不可预见因素产生的疏漏，如承重梁及其他工程已敷设电、气、水等管路阻碍，与建设单位、承建单位会商调整设计存在的必要性，并办理相关手续，避免将问题和风险带到实施和验收阶段。

在某水利部门机房项目的第一次项目交底会上，承建单位提出各泵站实施点间的通信网络铺设使用原有线路路由，但勘察结果表明此方案行不通，监理人员建议采用投标备用方案，利用输水管道铺设海缆实现通信，并对设计方案进行完善。建设单位、监理单位和承建单位的意见达成一致，由设计单位完善设计方案，提供具体实施方案及资金调整方案，并在通过专家评审后确定具体的设计方案调整。监理单位协助建设单位完成变更手续。

《水利工程设计变更管理暂行办法》（水规计〔2020〕283 号）第六条规定：水利工程的设计变更应符合国家有关法律、法规和技术标准的要求，严格执行工程建设强制性标准，符合工程建设质量、安全和功能的要求。第十一条规定：项目法人、施工单位、监理单位不得修改建设工程勘察、设计文件。根据建设过程中出现的问题，施工单位、监理单位及项目法人等单位可以提出设计变更建议。项目法人应当对设计变更建议及理由进行评估，必要时，可以组织勘察设计单位、施工单位、监理单位及有关专家对设计变更建议进行技术、经济论证。第十七条规定：一般设计变更文件由项目法人组织有关参建方研究确认后实施变更，并报项目主管部门核备，项目主管部门认为必要时可组织审批。设计变更文件审查批准后，由项目法人负责组织实施。

在项目实施过程中，有时存在设计内容错、漏、缺等情况，有必要进行设计方案调整。目前，水利部门在管理项目设计变更方面较为成熟，并施行了设计单位跟踪项目全程的模式，为项目变更和概算调整提供了有效支撑。

案例38 机房项目蓄电池组按规范安装应关注哪些问题？

要点： UPS 和蓄电池组是保证机房稳定工作和数据安全的关键设备，设备安装环节的规范施工是后期稳定运行的基础。

监理价值： 监理人员了解机房项目中 UPS 和蓄电池组的安装调试工艺和工序要求，能够根据项目的施工管理规范，严格审核承建单位施工安全制度、施工工艺、施工人员资格、设备检验流程等内容，杜绝违规操作，防止发生安全事故。

在某机房项目的实施过程中，承建单位在 UPS 安装完毕后直接开机投入使用，监理单位制止了该行为，指出该行为违反电气装置安装施工规范，要求承建单位按照施工规范进行 UPS 和蓄电池组的充放电测试，并在完成完全充电、开路电压测试和容量测试后投入运行。

《电气装置安装工程 蓄电池施工及验收规范》(GB 50172—2012)第 4.2.2 条规定：蓄电池组安装完毕投运前，应进行完全充电，并应进行开路电压测试和容量测试。

据统计，80%的 UPS 故障都是由 UPS 和蓄电池组的失效或维护不当引起的，因此绝对不能存在侥幸心理，在投入运行前进行检查工作非常必要，应通过对蓄电池组进行摸底和充放电测试，排查出损坏、失效的电池，保障整体性能，确保系统正常工作。监理人员要掌握机房电气设备、设施的施工规范和验收规范，对施工过程进行监督。

4.3　到货验收环节的合规性案例

案例所属项目类型：通用。

案例合规性：政策合规、管理合规。

问题场景：到货验收、手续文件等问题。

到货验收是将项目资金转换成资产的重要环节，任何擅自调整行为及不合理变更行为，都涉及资金使用的合规性问题，监理人员应协助建设单位严把质量关。

案例 39　到货验收环节有哪些"鱼目混珠"的情况？

要点：设备的品牌、型号和规格必须与项目采购文件及合同规定的品牌、型号和规格一致。

监理价值：监理人员了解信息化项目对采购内容与合同内容的一致性要求，可以协助建设单位把控产品规格和质量。

在某信息化项目中，承建单位提供了一批服务器，监理人员在验收时发现，其品牌、型号与合同一致，但是产品标识与同类设备的常规标识不一致，且包装内不含合格证及装箱单等随箱资料。监理人员向原厂商进行核实，发现这批设备为该厂商专门为互联网企业定制的"白牌机"，价格相对较低。为保证设备质量，监理人员不同意接受这批设备，并要求承建单位按照常规渠道采购设备。

《计算机通用规范　第 3 部分：服务器》（GB/T 9813.3—2017）对服务器产品的质量评定程序、标志、包装等有明确规定。《信息技术服务　监理　第 2 部分：基础设施工程监理规范》（GB/T 19668.2—2017）指出：必要时，可确认主要设备的合法性。

在信息化项目中，计算机终端、服务器等设备属于通用产品，监理人员应根据项目各标段合同、招标文件，并参考《电子信息产品污染控制标识要求》的相关规定，协助建设单位进行设备合规性检查。做好设备的到货检验工作，对不符合国家标准及合同要求的设备、产品不予接受。

案例40　设备包装破损背后存在什么问题？

要点：应检查设备包装是否破损，排除设备质量隐患。

监理价值：监理人员通过审核合同条款，明确设备规格、外观要求，确保设备包装完好、条码清晰且为首次使用的设备。监理人员可协助建设单位严格对设备（含软件产品）的包装和外观进行检查，发现问题及时上报，拒绝不合格设备进场，保护建设单位的权益。

在某信息化项目的到货验收环节，监理人员发现服务器包装箱有两处破损且包装上的产品信息模糊不清。监理人员根据相关要求和规范，认定设备包装外观破损、条码不清晰，拒绝该设备进场，要求承建单位退回此批设备，重新报验全新设备，并将情况上报建设单位。

《计算机通用规范 第 3 部分：服务器》（GB/T 9813.3—2017）指出，包装箱外应标有制造厂名称、产品型号等信息。《信息技术服务 监理 第 2 部分：基础设施工程监理规范》（GB/T 19668.2—2017）也对主要设备到货验收的外包装检查进行了规定。

设备包装箱破损、标识条码不清晰意味着设备可能在运输过程中受到挤压、撞击等，无法核对包装内外信息是否一致，无法判断设备的完好性，如果允许此类设备进场，可能会对项目建设造成严重影响，如影响系统的正常运行、后期的原厂维保、项目验收等。

案例 41　到货验收环节有哪些容易混淆的情况？

要点：在项目实施过程中，设备、产品型号可能与招标文件或合同不同，需要区分不同厂家生产的同类设备的性能差异，并识别同一厂家同系列产品中不同型号设备的差异。

监理价值：监理人员具有项目管理经验，了解相关规范和到货验收标准，能够正确识别容易混淆的设备，拒绝不合格设备、产品进场，并严格按照变更流程确认调整的合理性。

在某信息化项目中，由承建单位提供服务器，监理人员在进行到货验收时发现，合同要求采购 RH5885H 型号的服务器，实际到货的是 RH5885M 型号的服务器。虽然服务器厂家、品牌一致，外观相似，但是设备具体型号与合同不符。监理人员通过上网查询和与厂商沟通发现，这两种服务器确实在主板和内存管理方面存在差距，且价格也存在明显差异。监理人员认为该服务器不符合到货验收要求，拒绝进场。

《智能建筑工程施工规范》（GB 50606—2010）规定：检查线缆、设备的品牌、产地、型号、规格、数量及外观，主要技术参数和性能等均应符合设计要求，外表无损伤，填写进场检验记录，并封存相关线缆、器件样品。《信息技术服务 监理 第 2 部分：基础设施工程监理规范》（GB/T 19668.2—2017）规定：开箱检查，包括设备型号、类别、数量、附件及文档等。

为适应市场需求，同一厂家的同系列设备在型号、规格、配置等方面可能存在微小不同，在功能、性能、价格等方面也有所不同。监理人员应根据合同要求，对到货设备、产品进行品牌、型号、规格和参数配置的一致性检查，防止承建单位有意或无意更换设备，影响项目建设质量。

案例42　进行设备加电测试能发现哪些问题？

要点：设备有质量缺陷会影响项目进度和系统安全。

监理价值：在到货验收环节，监理人员可以协助建设单位按照合同对到货设备、产品及材料，进行型号、规格、参数配置、外观及随箱资料一致性检查，通过设备加电测试保障设备的完好性。

在某信息化项目的到货验收环节，监理人员对服务器、数据库产品、网线及光纤材料进行检查，在对某品牌服务器进行加电测试时，发现系统进入BIOS后无法继续正常引导到操作系统状态，重复进行加电测试，服务器仍然无法正常启动和运行。监理人员拒绝该服务器进场，要求承建单位更换设备并重新进行到货验收。

《信息技术服务 监理 第2部分：基础设施工程监理规范》（GB/T 19668.2—2017）指出，应对设备的配置信息等进行加电自检测试。

监理人员需要了解相关部门发布的产品目录，如国家互联网信息办公室会同工业和信息化部、公安部、国家认证认可监督管理委员会等部门制定了《网络关键设备和网络安全专用产品目录》，以做好项目到货验收环节的质量把控。对于投资规模大、标段多的信息化项目，监理人员应协助建设单位制定和宣贯项目配套管理制度或细则，防止出现承建单位擅自更改设备的品牌、型号和配置的情况。

案例43　在哪些情况下不能允许设备材料进场？

要点：信息化项目中的设备可分为标准设备和非标设备，非标设备指不是按照国家颁布的统一行业标准和规格制造的设备。在到货验收环节，非标设备的检验和鉴定难度相对较大，受设备、产品、材料进货渠道的影响大。

监理价值：监理人员了解进场材料的型号、外观、颜色的一致性管理要求，通过对合格证及第三方检测报告、产地证明、操作手册等随箱资料进行检查和检验，防止"三无产品"进场。对于非标设备，应根据招标文件的要求，检查国家指定机构出具的生产许可证、检验报告等。

在某信息化项目的到货验收环节，监理人员在检查进场材料时发现，有5 箱超五类网线与其他网线外观、颜色不同，包装箱内没有合格证等随箱资料。监理人员进一步对其进行查验，发现该网线铜芯较细、易折，外皮薄而易燃。监理人员判定这 5 箱超五类网线为不合格产品，要求承建单位更换。

《信息技术服务 监理 第 2 部分：基础设施工程监理规范》（GB/T 19668.2—2017）指出，进场线材和连接硬件的检查要点包括：线材和连接硬件数量、规格、质量与合同、设计方案的符合性；线材和连接硬件的合格证、检验报告等资料的真实性、有效性。

超五类网线具有衰减小、串扰少等特点，与五类网线相比，其增加了近端串音功率和测试要求，并且具有较高的衰减串扰比（ACR）和信噪比，以及更小的延时误差。超五类网线的传输带宽为 100MHz；超六类网线是六类网线的改进版，发布于 2008 年，传输带宽为 500MHz，传输速率可达 10Gbps。

网线是信息化项目中使用的最基本的材料，较为常见的是超五类网线和超六类网线。监理人员除了根据合同要求对网线进行质量检查，在到货验收环节还可以进行外观检测和技术规格测试。外观检测主要包括检查网线外皮信息标识和测试网线的柔韧性、抗温性、可燃烧性、绕距、外皮延展性等，该过程直观、简单。

案例 44　如何保障正版软件产品的授权？

要点：软件产品授权和正版识别比设备、材料的检验复杂，应在检查进货渠道及产品属性的基础上，保障建设单位获得合理的售后服务。

监理价值：监理人员能够协助建设单位对采购的软件产品质量进行约束，

做好事前控制。在到货验收环节，通过有效的技术和商务手段进行把控，确保建设单位使用正版软件产品，保护建设单位的权益。

在某信息化项目的到货验收环节，监理人员在检查计算机随箱的操作系统光盘介质时，发现产品密钥标签（COA 标签）内容与正版橙色 COA 标签类似，但颜色有差异，而且其样式与厂商提供的反盗版特征样式不同，建设单位项目管理人员提出质疑，认为与合同中的要求不一致，希望监理人员进一步查验。监理人员与厂商联系，得到的解释是：正版软件产品专为计算机制造商预装在他们的计算机上而设计。正版软件产品始终附带真品证书及手册或快速入门指南，但密钥标签与橙色的零售产品标签不同。某些主要制造商提供用于重新安装程序的光盘，而较小的制造商需要提供边对边全息图像光盘。监理人员确认软件产品是正版，同意进行到货验收确认。

有时承建单位在项目中提供自主开发的产品（如机房设备系统运行监控软件），其属于非标产品，系统安装也常采用远程部署方式。监理人员可以通过对邮件内容进行截图来明确各时间节点，并在承建单位完成使用培训和初步功能确认后，完成非标产品的到货验收确认。

案例 45   为什么随箱资料必须完整？

要点：等保测评机构在测评阶段，会对项目采购设备的安全性进行检查并提出要求，设备、产品的随箱资料是检查的重要内容。

监理价值：监理人员熟悉档案管理、采购设备和随箱资料检查的流程与规定，在到货验收环节，能够协助建设单位对设备、产品的随箱资料进行收集和归档，至少要保存一套完整的随箱资料。在项目的等保测评阶段，能配合检查随箱资料，确认设备、产品的符合性。

在某信息化项目到货验收后的过程文件归档过程中，监理人员发现，对于项目采购的防火墙和网络交换机等设备，承建单位仅归档了设备报审申请、到货验收签字手续、设备清单、合格证、操作手册等，缺少设备装箱单、选件说明、机架安装说明、电子版安装手册下载说明、配套的光盘介质、保修卡及客服信息表等随箱资料。承建单位解释道，由于建设单位没有提供用于存放过程文件的专用物理空间，过程文件临时放在办公室的铁皮柜里，暂时由承建单位保存，监理人员与建设单位进行了沟通，说明随箱资料的重要性，建设单位做出了改进，及时将一套完整的随箱资料归档。

《信息安全技术 网络安全等级保护基本要求》（GB/T 22239—2019）发布后，对信息化项目的安全检查更加严格。网络和安全设备是等保测评机构检查的重点，随箱资料是验证设备合规性的重要文件。

案例46 在到货验收环节各方签字有哪些责任问题？

要点：项目手续文件的完整涉及审计、项目验收等多个层面，各方应正确履行责任。

监理价值：到货验收环节是将项目资金转化为资产的起点，手续文件不完整将存在违规使用资金的风险。因此，监理人员一方面应严把到货验收质量关；另一方面应协调建设单位根据资料完备性要求，对涉及项目资金、资产的手续文件进行管理。

在某信息化项目的到货验收环节，监理人员协调建设单位进行到货验收，按照项目到货验收流程，比照报审的设备清单，对设备外观、规格、配置、证明材料、合格证等进行了查验并拍照。到货验收完成后，监理人员将汇总的到货验收资料和手续文件提交建设单位确认。建设单位项目管理人员不断推迟签字，监理人员强调了档案管理的相关要求，指出项目管理各方应履行各自的职责，建设单位需要从落实项目资产管理和档案完整性的角度，重视签字流程。建设单位项目管理人员采纳了监理人员的建议，及时在相关文件上签字。

《国家电子政务工程建设项目档案管理暂行办法》第十四条规定：电子政务项目实施机构归档的纸质文件应为原件或正本，且签章手续完备。同时应注重对电子文件、照片、录像等各种类型、载体文件材料的收集、归档。电子文件的归档范围参照纸质文件归档范围。

《信息技术服务 监理 第2部分：基础设施工程监理规范》（GB/T 19668.2—2017）指出：三方共同填写设备到货验收单。

对于建设周期长、单项文件数量多的项目，监理人员在征得建设单位同意后，可以将阶段性汇编文件装订后集中会签，以提高项目管理效率。

案例 47 在到货验收环节应如何预防出现质量问题？

要点：IT 产品更新换代较快，产品型号和配置会不断调整，正确处理合理变更并避免出现擅自调整的情况，是规范项目管理的重要内容。

监理价值：监理人员应严格根据招标文件、投标文件及合同条款进行到货验收，预防出现质量问题。

在某信息化项目的实施过程中，监理人员发现承建单位在采购环节对投标文件要求的设备规格和配置进行了调整，原因是计划采购的设备断货，已口头向建设单位进行了通报并开始准备下采购订单，希望监理人员确认此项变更。监理人员要求承建单位暂停采购，并及时与建设单位进行沟通，指出承建单位未向监理单位报审，擅自对设备规格进行调整，违反项目管理规定，如果原定设备停产下线，承建单位需要提供原定设备停产的书面盖章证明；如果短时间内无法保证市场供应，则需要出具原厂商的书面文件及官网通报的截图等证明材料。同时，新采购的设备性能不能低于原定设备。监理单位将在确认证明材料的真实性后，办理变更手续。建设单位采纳了监理人员的建议，要求承建单位提供相应的证明材料。

《信息技术服务 监理 第 1 部分：总则》（GB/T 19668.1—2014）指出，监理机构宜按以下程序处理工程变更：①建设单位或承建单位提出的工程变更应编制变更文件，提交总监理工程师，由总监理工程师组织审核，并由三方在工程变更单中予以签认；②监理机构应了解工程变更的实际情况，收集相关资料或信息；③监理机构应根据实际情况，参考变更文件及其他有关资料，按照承建合同的有关条款，对工程变更范围、内容、实施难度以及变更的投资和工期做出评估，签发监理意见单并报业主单位、承建单位；④监理机构应对工程变更过程及结果做工程备忘录，监理机构应要求承建单位在变更文件签署前，不得实施工程变更；⑤监理机构应根据工程变更文件监督承建单位实施。

项目招标文件、合同是指导承建单位采购设备的依据，如果确实需要对部分内容进行变更，承建单位应提前向建设单位和监理单位提交变更申请，在监理单位和建设单位确认后进行采购。当出现承建单位擅自调整采购设备且不履行报审程序的情况时，监理人员有权拒绝对设备进行确认。

> **案例 48　到货验收能否替代项目验收？**
>
> **要点：** 在验收层面，纯设备采购标段虽然与集成标段存在较大差异，基本不涉及项目各标段之间的集成关系。
>
> **监理价值：** 投资规模较大的信息化项目涉及各采购标段的验收和整体验收，监理人员应协助建设单位制定统一的项目管理办法，并在合同中约定各标段的验收方式。有关联的标段必须得到相关标段的书面确认，确保各标段的承建单位对项目建设全过程提供技术和服务支撑，保障项目顺利完成。

在某信息化项目中，其中一个标段为集成标段，承建单位在完成到货验收后，向建设单位提出，由于该标段主要包含硬件设备，集成工作较为简单，完成到货验收即可，无须组织项目验收。监理人员在分析项目管理办法和整体集成要求后提出，由于该标段与本项目其他标段有集成关系，且项目管理办法明确要求所有集成标段和应用开发标段必须组织初验和终验，因此应按照要求进行项目验收。

《基本建设财务规则》（中华人民共和国财政部令第 81 号）第三十三条规定：项目建设单位在项目竣工后，应当及时编制项目竣工财务决算，并按照规定报送项目主管部门。项目设计、施工、监理等单位应当配合项目建设单位做好相关工作。建设周期长、建设内容多的大型项目，单项工程竣工具备交付使用条件的，可以编报单项工程竣工财务决算，项目全部竣工后应当编报竣工财务总决算。

纯设备采购标段在完成到货验收后即进入试运行状态，但项目建设是一个整体，需要统筹管理。因此，监理人员应协助建设单位编制项目管理办法及配套管理细则、完善项目合同条款，形成有效的管理措施。建设单位集中采购向节点用户分发的项目，由于设备安装和应用部署由节点用户自行负责，对于建设单位本级而言，到货验收环节已完成全部采购工作，到货验收即项目验收，此为各类信息化项目中的特例。

4.4　项目进度管理的合规性案例

案例所属项目类型：通用。

案例合规性：管理合规。

问题场景：项目延期问题、验收时间问题、项目停工问题等。

项目进度控制是大型信息化项目建设中的难点，制约因素较多，监理人员应从项目全局的角度把握项目程序，严格履行职责。

> **案例 49　为什么项目延期手续非常重要？**
>
> 要点：项目延期会使项目进度发生变化，手续不完整将涉及违约。
>
> 监理价值：监理人员能够从项目全局的角度出发，协助建设单位管理项目进度，深入分析导致项目延期的原因和责任归属，针对项目延期的合理性提出处理建议，并形成书面文件，以保障资料规范、管理手续齐全，确保项目管理过程可追溯。

在某信息化项目的到货验收环节，监理人员发现应用软件开发标段 A 未按合同中的时间要求完成业务数据统计分析工作，其输出成果无法使用，造成使用该分析结果的应用软件开发标段 B 严重延期。合同约定项目每延期一天，处罚合同金额的千分之五，由于项目延期主要责任在标段 A，监理人员建议按照约定扣除标段 A 对应的金额，同时要求标段 B 加强人员投入，限期完成开发和测试工作，并按照项目管理要求，配合监理单位办理项目延期手续。考虑到合同金额扣减程序复杂，且业务数据共享和维护十分重要，监理人员建议将扣款转换成延长运维服务时间，即在原有的一年运维服务的基础上，增加六个月的保障服务。建设单位在征求审计机构的意见后，采纳了监理人员的建议，与标段 A 的承建单位签订了补充合同。

　　《基本建设财务规则》（中华人民共和国财政部令第 81 号）第三十条规定：项目主管部门应当会同财政部门加强工程价款结算的监督，重点审查工程招投标文件、工程量及各项费用的计取、合同协议、施工变更签证、人工和材料价差、工程索赔等。

　　项目进度、质量、投资是相互制约的，项目质量不仅与设备性能指标、开发质量有关，还与系统使用部门（终端用户）的功能完整性、易用性、界面友好性等诉求有关。同时，信息化项目的投资可调整范围受政策法规的严格限制。因此，在投资金额的限制下，项目进度往往为满足质量要求而滞后。

监理人员可在制订项目整体计划时，统筹考虑项目各标段建设周期及它们之间的关系，加强项目进度管理。

案例 50　项目频繁延期正常吗？

要点：对于投资规模较大的信息化项目来说，影响进度的因素较多，需要对审计和验收的合规要求进行研究。

监理价值：监理人员可以协助建设单位分析项目特点和需要补充的管理要素，预估各标段的节点，确定进度的底线要求，保障项目顺利完成。

在某信息化项目的实施过程中，应用软件使用部门不断提出新的功能需求，导致该标段进度计划一再调整，承建单位也多次向建设单位和监理单位提出延期申请。为了统筹解决项目延期事宜，监理人员与建设单位进行了沟通，建议建设单位与应用软件使用部门开展专题会，在满足合同约定的功能的基础上，争取两周内完成需求聚焦。另外，监理人员建议建设单位根据等保测评机构、软件测试机构计划的结束节点和整改预期，组织评估各标段的延期时间，集中办理延期手续。

《国务院办公厅关于印发国家政务信息化项目建设管理办法的通知》（国办发〔2019〕57 号）第十三条规定：项目建设单位应当确定项目实施机构和项目责任人，建立健全项目管理制度，加强对项目全过程的统筹协调，强化信息共享和业务协同，并严格执行招标投标、政府采购、工程监理、合同管理等制度。招标采购涉密信息系统的，还应当执行保密有关法律法规规定。

监理人员应关注项目各时间节点、各标段合同对建设工期的限定及违约责任处罚约定，协助建设单位对项目进行规范管理。项目进度不断延期表明项目各方对项目的制约因素及其影响程度缺乏认识和预判。监理人员应协助建设单位，在关注项目建设进度的基础上，重视协调终端用户尽早介入项目需求和方案评审，提前考虑和适时引入软件测试、等保测评等机构，避免频繁调整项目进度计划导致项目管理方反复审批延期手续。

案例 51　合同如何与项目验收有效关联？

要点： 当由承建单位导致项目延期并涉及合同违约和处罚时，建设单位需要履行管理责任，保护资金安全。

监理价值： 监理人员了解项目延期手续的重要性，通过将合同约定的项目建设时限和验收节点、项目延期处罚条款等内容进行统筹关联，监督合同履行过程，处理好项目延期事宜，在承建单位出现实质性违约行为时，能够配合建设单位做好金额核减和情况说明。

某软件项目因需求调整，未按合同约定时间完成项目初验。监理单位以验收式监理模式介入项目，发现合同约定项目建设周期每延误一天核减合同金额的千分之一。监理人员多方调查了项目延期的实际原因，在征得建设单位同意后，要求承建单位提交项目延期的详细说明，并提交延期申请，明确各时间节点。

《国务院办公厅关于印发国家政务信息化项目建设管理办法的通知》（国办发〔2019〕57 号）第二十一条规定：项目建设过程中出现工程严重逾期、投资重大损失等问题的，项目建设单位应当及时向项目审批部门报告，项目审批部门按照有关规定要求项目建设单位进行整改或者暂停项目建设。

未按合同约定的时间组织项目验收，本质上属于项目延期，在投资规模较小的项目中容易被忽略。从审计和验收的角度来看，缺少规范、合理的手续，将被视为没有按照合同要求履约。因此，监理人员应协助建设单位把握好对合同的审核和对实施过程的监管。

案例 52　机房先行验收对项目整体会有哪些影响？

要点： 机房是信息化项目中承载硬件系统和软件系统的基础建设内容，建设单位需要统筹组织项目实施和验收工作，避免项目各标段的协同出现问题。

监理价值： 监理人员能够协助建设单位明确项目合同，对各专业系统进行确认，选择机房项目验收的时机，保障各标段的协同和项目整体验收、运维工作的开展。

　　某信息化项目的机房最早进入招标和实施阶段，监理单位在协助建设单位制定项目验收管理方案时，考虑到机房对项目后续标段有支撑作用，建议在合同中补充项目初验和终验条件，即在各专业系统建设完成后进行阶段性成果确认，并启动初验准备工作；在硬件全部安装、加电、联调完成后，组织初验。同时，约定涉及使用机房设施的标段全部通过初验后组织终验，并预留一定比例的合同金额，以保证承建单位配合完成验收工作。

　　《基本建设财务规则》（中华人民共和国财政部令第81号）第三十三条规定：项目建设单位在项目竣工后，应当及时编制项目竣工财务决算，并按照规定报送项目主管部门。项目设计、施工、监理等单位应当配合项目建设单位做好相关工作。建设周期长、建设内容多的大型项目，单项工程竣工具备交付使用条件的，可以编报单项工程竣工财务决算，项目全部竣工后应当编报竣工财务总决算。

　　监理单位对项目各标段的进度管理，除了依据项目管理办法和整体计划，还可以通过合同进行约束，其中预留合同金额和要求承建单位提交服务承诺等措施较为有效。

案例53　监理如何行使叫停项目的权利？

　　要点： 当项目中出现重大质量隐患和严重违约行为时，监理单位可以行使叫停项目的权利，在征求建设单位的意见后，签发停工令、复工令等。

　　监理价值： 监理人员可以协助建设单位把握项目关键路径，并针对严重违反项目设计规范和安全施工操作规范的行为及可能引起严重质量事故的情况，签发停工令，在整改达标后签发复工令。同时，监理人员应评估停工对项目进度的影响，并提出整改的时限要求。

　　在某迁改项目中，建设单位对机房布局进行了重新设计并组织了专家论证和消防备案工作，委托原机房承建单位开展迁移工作，为保证业务不中断，承建单位按要求制订了详细的搬迁计划和应急回退计划，并绘制了新址机房的施工图纸，提交建设单位和监理单位审核。迁移施工过半，建设单位和监理人员在现场巡视检查时发现机柜间距过小，与施工图纸不符。监理人员认为，承建单位未按图纸施工，机柜间距过小会影响设备有效散热并引发系统故障，属于较严重的施工质量问题。于是签发停工令，要求承建单位在一周内完成整改，并按照原定进度完成全部施工内容，建设单位采纳了监理人员的建议。

监理单位在依据《信息技术服务 监理 第 1 部分：总则》（GB/T 19668.1—2014）签发停工令前，应关注和评估相关质量问题对项目进度的影响，对处于项目关键路径上的标段，要依据合同通报其违约内容和不能及时完成整改的处罚方式，还应协调建设单位，针对可能受到影响的其他标段，做好应急预案，以保障项目整体进度偏离最小化。

案例 54　为什么需要向项目审批部门提交项目绩效评价报告？

要点： 要求建设单位定期提交项目绩效评价报告，是项目审批部门把握项目建设和资金使用情况的重要方式。

监理价值： 项目绩效评价报告是项目初步设计和投资概算报告的组成部分，监理人员可以协助建设单位制订项目进度计划，结合实际情况确定进度管理目标，并协助建设单位梳理项目进度计划的落实情况和存在的问题，定期向项目审批部门报告。

对于某大型信息化项目，由于国家政策调整，建设单位在项目深化设计阶段，对部分建设内容和资金进行了调整，并组织专家对调整方案的合理性进行了评估。监理人员根据相关规定，强调了建设单位定期向项目审批部门提交项目绩效评价报告的重要性和必要性。建设单位在调整方案通过上级机关批复后，将其与项目绩效评价报告一并提交备案。

《国务院办公厅关于印发国家政务信息化项目建设管理办法的通知》（国办发〔2019〕57 号）第二十条规定：项目建设单位应当对项目绩效目标执行情况进行评价，并征求有关项目使用单位和监理单位的意见，形成项目绩效评价报告，在建设期内每年年底前向项目审批部门提交。项目绩效评价报告主要包括建设进度和投资计划执行情况。对于已投入试运行的系统，还应当说明试运行效果及遇到的问题等。第二十一条规定：项目建设过程中出现工程严重逾期、投资重大损失等问题的，项目建设单位应当及时向项目审批部门报告，项目审批部门按照有关规定要求项目建设单位进行整改或者暂停项目建设。

4.5　项目变更管理的合规性案例

案例所属项目类型：通用。

案例合规性：政策合规、管理合规。

问题场景：变更流程、手续文件归档等问题。

项目变更不合规是信息化项目建设中的常见问题，监理人员应完善变更流程并及时将手续文件归档。

案例55　在项目实施过程中，能否调整采购金额？

要点：影响采购金额的因素较多，与新需求、新技术调整有关，建设单位需要在完成项目既定建设目标的基础上，积极落实相关要求。

监理价值：监理人员应及时了解相关行业政策、标准的变化，协助建设单位在不违反采购政策和不改变合同其他条款的前提下，合理调整采购金额并签订补充合同。

某信息化项目已完成项目初验并进入试运行阶段，接上级通知，需要配合完成数据资源整合才能组织项目终验。对应标段的承建单位根据要求提交了整合方案，投入了测算人员，由于该方案的预算调整超过了原合同采购金额的10%，监理单位不同意按此方案实施。建设单位、监理单位和承建单位商议后约定由承建单位优化整合方案，将预算调整压缩至原合同采购金额的10%以内，建设单位邀请行业专家对方案进行了评估，落实了整合任务并顺利完成终验。

《中华人民共和国政府采购法》第四十九条规定：政府采购合同履行中，采购人需追加与合同标的相同的货物、工程或者服务的，在不改变合同其他条款的前提下，可以与供应商协商签订补充合同，但所有补充合同的采购金额不得超过原合同采购金额的百分之十。第五十条规定：政府采购合同的双方当事人不得擅自变更、中止或者终止合同。政府采购合同继续履行将损害国家利益和社会公共利益的，双方当事人应当变更、中止或者终止合同。有过错的一方应当承担赔偿责任，双方都有过错的，各自承担相应的责任。

随着信息化项目的建设和应用不断发展，新法规陆续出台，现行政策不断调整。随着信息资源整合、数据共享，以及大平台、大系统、大数据的应用，相关方可以根据相关政策合理调整采购金额。

案例 56　项目概算调整有哪些要求？

要点：项目概算调整与采购金额调整不同，概算调整的数额不得超过概算总投资的 15%，采购金额调整不得超过原合同采购金额的 10%。

监理价值：监理人员熟悉信息化项目的管理政策和资金调整要求，能够协助建设单位规范使用项目资金，并按要求履行报批手续。

某信息化项目在初步设计和投资概算审批通过并准备实施时，由于部委落实"定职能、定机构、定编制"三定方案，需要对项目整体建设内容进行重新规划和深化设计。深化设计方案中的硬件设备资金调整比例为概算总投资的 12%，建设单位就此咨询监理人员。监理人员认为，建设单位对项目建设内容和概算调整的理由充分，且概算调整的数额符合规范，可以进行调整。同时，提醒建设单位将深化设计方案上报审批并提交备案。

《国家发展改革委关于进一步加强国家电子政务工程建设项目管理工作的通知》（发改高技〔2008〕2544 号）指出：项目建设部门应严格按照批复的初步设计方案和投资概算实施项目建设。主要建设内容或投资概算确需调整的，应事先向国家发展改革委提交调整报告，履行报批手续。对于投资规模未超出概算批复、原有建设目标不变且总概算规模内单项工程之间概算调整的数额不超过概算总投资 15%的项目，并符合以下三种情况之一的可由项目建设部门自行调整，同时将调整批复文件报国家发展改革委备案：①确属于对原项目技术方案进行完善优化的；②根据国家出台的新政策或中央领导部署的新任务要求，改变或增加相应建设内容的；③根据所建电子政务项目业务发展的需要，在国家已批复项目建设规划的框架下适当调整相关建设进度的。

《国务院办公厅关于印发国家政务信息化项目建设管理办法的通知》（国办发〔2019〕57 号）第二十三条规定，项目投资规模未超出概算批复、建设目标不变，项目主要建设内容确需调整且资金调整数额不超过概算总投资 15%，并符合下列情形之一的，可以由项目建设单位调整，同时向项目审批部门备案：①根据党中央、国务院部署，确需改变建设内容的；②确需对原项目技术方案进行完善优化的；③根据所建政务信息化项目业务发展需要，在已批复项目建设规划的框架下调整相关建设内容及进度的。不符合上述情形的，应当按照国家有关规定履行相应手续。

建设单位应严格按照批复的初步设计方案和投资概算进行项目建设。主要建设内容或投资概算确需调整的，应先提交调整报告，确保手续齐全且符合相关规定。

案例 57　如何处理合同金额调整问题？

要点：净增减金额不得超过合同金额的 10%。

监理价值：监理人员能够协助建设单位判断合同金额调整的合理性，正确处理变更项，监督合同履行情况。

某软件项目的合同金额是 1000 万元，由于使用部门进行了业务调整，原合同约定的部分功能不需要开发，应核减近 20 万元；另外，使用部门提出了新的需求，承建单位在评估工作量后，指出需要增加 25 万元开发费用。建设单位、监理单位与承建单位协商后约定，承建单位自愿承担超过 20 万元的部分，于是核增与核减金额相等，合同金额未发生变化。监理人员建议建设单位组织专家评审会，并在评审通过后与承建单位签订补充合同。

《中华人民共和国政府采购法》第四十九条规定：政府采购合同履行中，采购人需追加与合同标的相同的货物、工程或者服务的，在不改变合同其他条款的前提下，可以与供应商协商签订补充合同，但所有补充合同的采购金额不得超过原合同采购金额的百分之十。

在项目建设过程中，难免存在合同金额调整情况，监理人员需要严格按照相关规定控制合同金额在合理范围内调整，并完成相应的手续，确保合同金额调整合理合规。

案例 58　如何判定和处理合同终止？

要点：合同终止属于项目合同变更中的特例，也是项目管理的重大事件，应谨慎处理。

监理价值：监理单位是受建设单位委托协助进行项目管控的第三方机构，应该在招标阶段及合同签订环节协助建设单位设置合同条款，约束承建单位按照项目整体管理要求完成项目实施和验收，并配合完成等保测评、审计和档案整理工作，明确承建单位出现重大质量事故、严重项目延期情况的处罚，以及合同终止要求。当在项目实施过程中出现较重大问题时，监理人员应从保护建设单位权益的角度出发，综合评估某标段合同终止对项目整体的影响，与建设单位协商得出有效的处理办法。

在某信息化项目的实施过程中，承建单位屡次拖延设备到货时间，监理人员通过项目例会、邮件和监理联系单协调未果后，发出监理通知单并强调承建单位违反合同约定，需要承担相应的责任，承建单位书面回复并承诺按新的时间要求完成到货，但事实上其仍以各种理由拖延核心设备的到货时间，对项目其他标段的实施造成较大影响。建设单位咨询监理人员是否需要终止与该标段承建单位的合同。监理人员在认真研究该标段合同违约条款后指出，承建单位确实已经处于实质性违约边界，并对项目整体进度产生影响，建设单位有权终止合同，但考虑到该承建单位具备一定的实施能力，如果终止合同并重新组织招标和实施工作，对项目进度的影响可能更大。建议建设单位约谈该承建单位的相关负责人，并邀请监理人员和法律顾问出席，在会上指出问题的严重性，说明建设单位保留终止合同并具有将该承建单位列入采购黑名单的权利。建设单位采纳了监理人员的建议，承建单位高度重视并及时完成了设备到货，加强系统联调测试的技术力量投入，加快了项目进度。

《中华人民共和国政府采购法》第五十条规定：政府采购合同的双方当事人不得擅自变更、中止或者终止合同。政府采购合同继续履行将损害国家利益和社会公共利益的，双方当事人应当变更、中止或者终止合同。有过错的一方应当承担赔偿责任，双方都有过错的，各自承担相应的责任。

在本项目中，建设单位有权终止合同，但考虑到实际情况，监理人员未建议终止合同。投资规模较大的信息化项目的标段数量和参与建设的承建单位数量较多，不同硬件系统和软件系统往往存在集成关系。监理人员应协调建设单位，在项目招标前梳理清楚项目各标段的关系，通过招标文件、合同条款进行限定。同时，监理人员应协助建设单位制定完善的项目管理制度，建立项目通报、高层约谈、延迟合同款支付或退保等措施，非必要不轻易或擅自终止合同。

案例 59 项目结余资金使用和前期概算调整有什么区别？

要点：前期概算调整可以发生在招标前，也可以发生在合同签订到各标段合同初验之间，而项目结余资金使用一般发生在项目整体验收前，两者在管理方式上有很大差异。

监理价值：监理人员能够协助建设单位从项目整体上进行优化设计，通过调整各标段建设内容和目标，使项目整体建设目标与批复内容保持一致。在项目实施后期，既定的主体建设内容已完成，基本达到目标，监理人员可以协助建设单位合理、合规地使用结余资金，对项目进行补充。

某信息化项目在招标前完成了一次概算调整，项目各标段完成招标及合同签订后，结余近 1500 万元，建设单位计划进行第二次调整，由于项目概算调整方案尚未提交备案，建设单位计划在制定结余资金使用方案后，将其与概算调整方案一并提交审批并备案。监理人员认为此方法不可行，项目概算调整属于重大事项，即使调整数额符合相关要求，也应及时提交审批并备案，而且结余资金能否使用还存在不确定性，不应将结余资金使用方案一并上报。

《基本建设财务规则》（中华人民共和国财政部令第 81 号）第四十八条规定：经营性项目结余资金，转入单位的相关资产。非经营性项目结余资金，首先用于归还项目贷款。如有结余，按照项目资金来源属于财政资金的部分，应当在项目竣工验收合格后 3 个月内，按照预算管理制度有关规定收回财政。

案例 60 为什么要签订补充合同？

要点：当设备数量和费用调整及需要采购特定服务时，应基于原合同签订补充合同。

监理价值：监理人员了解项目资金与资产管理要求，项目设备和产品数量调整一般涉及资金变化，监理人员可以协助建设单位履行变更手续并签订补充合同，并将其作为结算依据。

　　某信息化项目在原合同规定的 12 台服务器的基础上,增加了一台品牌、规格相同的服务器, 由于增加的费用较少, 承建单位承诺不追加采购金额。建设单位就是否需要签订补充合同咨询监理人员, 监理人员认为, 由于采购金额没有发生变化, 且建设内容的调整相对简单, 可以不签订补充合同, 但需要按照变更流程完善手续。同时, 考虑到后期项目资产管理问题, 要求承建单位提交一份签字盖章的书面说明, 承诺不追加相关费用, 并将其作为项目终验资料。

　　《中华人民共和国政府采购法》第四十九条规定: 政府采购合同履行中, 采购人需追加与合同标的相同的货物、工程或者服务的, 在不改变合同其他条款的前提下, 可以与供应商协商签订补充合同, 但所有补充合同的采购金额不得超过原合同采购金额的百分之十。

　　监理人员需要关注补充合同的签订流程, 甲方 (建设单位)、乙方 (承建单位) 需要在补充合同上签字盖章、标明签订日期, 当合同涉及多个甲方时, 相关方都需要履行签字盖章手续。有些变更不涉及资金调整, 但设备、产品数量增加, 从内部资产管理和审计的角度来看, 与采购合同不一致的内容, 需要有清晰的书面说明, 以保证变更过程可追溯。

案例 61　合同变更能否替代项目概算调整?

　　要点: 当机房项目中包含装修、改建等建设工程相关内容时, 应按照相关规定进行采购, 项目变更也需要遵守相关要求。

　　监理价值: 监理人员了解相关法规的适用范围, 能够在合同签订阶段审核相关内容的合理性。

　　某机房项目按照招标投标程序组织采购, 承建单位以 420 万元中标, 合同金额与中标金额一致。在项目实施过程中, 发生了设备、材料数量调整, 需要进行变更, 承建单位计划变更 58 万元。监理人员指出, 该建设内容属于《中华人民共和国政府采购法》定义的建设工程相关内容, 应符合其规定, 变更金额不得超过合同金额的 10%, 因此不同意承建单位的变更方案。建设单位要求承建单位将变更金额压缩至合同金额 10% 以内, 否则超出的部分由承建单位承担。

《中华人民共和国政府采购法》规定：本法所称工程，是指建设工程，包括建筑物和构筑物的新建、改建、扩建、装修、拆除、修缮等。本法所称服务，是指除货物和工程以外的其他政府采购对象。

很多机房项目中包含建设工程相关内容，监理人员需要加强重视。《中华人民共和国招标投标法》对项目招标内容与合同签订内容的一致性有严格要求，监理人员应注意。

案例 62　需要组织专家评审会的变更情况有哪些？

要点：对于技术难度大、业务复杂、资金调整较大的项目变更来说，建设单位应组织专家评审会，避免出现违规调整的情况。

监理价值：监理人员了解设备、产品、材料数量或服务期限要求，能够协助建设单位组织专家评审会，确定项目变更的合理性，形成评审意见。

对于某大型信息化项目，由于使用部门内部机构调整，需要对 3 个应用软件开发标段的 10 个子系统进行重新规划和整合，并提出最优建设方案。建设单位咨询监理人员如何处理，监理人员提出，受政策变化、机构调整、业务重组或重大会议决议等的影响，对项目建设内容进行整体性优化是必要的，但由于涉及多项业务应用，且资金调整近 200 万元，建议建设单位组织专家评审会，邀请业务专家和财务专家参加，对变更的技术可行性、实施的必要性、人员投入的合理性、资金使用的合规性等内容进行论证和评估，并形成评审意见。

《国务院办公厅关于印发国家政务信息化项目建设管理办法的通知》（国办发〔2019〕57 号）第二十二条规定：项目建设单位应当严格按照项目审批部门批复的初步设计方案和投资概算实施项目建设。项目建设目标和内容不变，项目总投资有结余的，应当按照相关规定将结余资金退回。项目建设的资金支出按照国库集中支付有关制度规定执行。

对于技术难度大、业务复杂的项目建设内容调整来说，可能存在调整目标无法实现和整体进度严重滞后的风险，因此组织专家评审会是必要的。有时承建单位会提出不合理的变更要求，建设单位可通过组织专家评审会，慎重处理项目变更问题。

> **案例63 是否需要对变更内容单独组织验收？**
>
> 要点：当项目的设备数量和资金变更时，应签订补充合同，变更内容是合同的组成部分，应纳入项目统一验收范围。如果在项目整体层面发生资金调整而产生变更，建设单位应另行组织招标并签订合同，必须针对此建设成果单独组织验收。
>
> 监理价值：监理人员能够正确判断项目变更的性质和特点，协助建设单位完善变更手续和完成项目验收工作。补充合同约定的建设内容应与项目合同一并验收，而包括结余资金使用在内的项目整体层面的资金调整，需要单独组织验收。变更内容的过程管理应与项目整体管理要求一致且手续齐全，避免出现合同履行监管缺位的情况。

某视频监控项目的建设周期较长，其间受治安需求的影响，增补了 20 个节点，经过近一年的施工，合同约定的 400 个节点及增补的 11 个节点都完成了设备到货、安装、测试和验收，其余 9 个节点的取电问题没有解决，承建单位担心只安装不加电将造成设备丢失，一直没有完成安装、测试和验收，对项目终验产生了影响。建设单位就能否组织项目终验咨询监理人员，监理人员建议其协调承建单位做好立杆、敷缆、接地和安装工作，并利用临时供电设施对安装的设备进行测试，形成测试记录，待取电工作完成后，通过远程测试确认前端设备是否完好，增补节点不再单独组织验收。另外，监理人员建议，合同终验款支付时，应暂时核减对应的项目款项。

《基本建设财务规则》（中华人民共和国财政部令第 81 号）第三十条规定：项目主管部门应当会同财政部门加强工程价款结算的监督，重点审查工程招投标文件、工程量及各项费用的计取、合同协议、施工变更签证、人工和材料价差、工程索赔等。

《政府采购货物和服务招标投标管理办法》第七十四条规定：采购人应当及时对采购项目进行验收。采购人可以邀请参加本项目的其他投标人或者第三方机构参与验收。参与验收的投标人或者第三方机构的意见作为验收书的参考资料一并存档。第八十条规定：政府采购当事人违反本办法规定，给他人造成损失的，依法承担民事责任。

无论是项目合同变更还是概算调整产生的新增内容，都必须按规定完成采购、实施和验收工作。监理人员可协助建设单位慎重处理项目变更，尤其是涉及资金变化的内容，避免出现擅自变更和违规使用资金的情况。

案例 64　怎样处理承建单位重要人员变更问题？

要点：建设单位应在合同中纳入对承建单位项目实施团队主要成员的限定要求，承建单位重要人员变更也属于合同变更范畴。

监理价值：监理人员可依据合同，协助建设单位在项目实施、测试、验收、运维等环节，检查和管理承建单位和服务机构人员投入的合规性，保障顺利完成项目实施和验收。

在某信息化项目的实施过程中，某标段承建单位的项目经理因个人原因离职，承建单位临时抽调一人担任项目经理。监理人员向建设单位汇报后，与建设单位和项目总集成单位对新项目经理进行了约谈和资格考察，一致认为该项目经理的工作年限、项目管理经验、资格水平等与原项目经理存在较大差距。监理单位向承建单位发出监理通知单，指出了承建单位违反的具体合同条款和应承担的责任。承建单位很快指派了一名符合要求的项目经理，并按照项目管理要求，提交了项目经理调整和保证人员稳定的说明。

在项目实施过程中，合同是开展各项工作的重要依据，如果合同对人员的约束不够明确，监理人员在履行管理职责时将缺乏依据。监理人员应在进场后尽快熟悉项目各标段合同内容，及时发现约束不明确的情况，尽早协调建设单位通过补充管理制度、细则等方式进行完善。

监理人员还应协助建设单位完善合同中对承建单位重要人员的约束，包括重要人员应在项目实施全过程中保持稳定、重要人员变更应经建设单位同意并向监理单位提交变更申请等。在项目实施过程中，如果承建单位擅自调整重要人员，监理人员应及时向建设单位汇报，并通过发出监理通知单、进行高层约谈等方式，保障项目顺利实施。项目招标文件和投标文件也是监理人员履行管理责任的依据。

案例 65　办理变更手续和将手续文件归档重要吗？

要点：变更手续能反映建设内容和资金的合理调整过程，体现了建设单位、监理单位的管理责任落实情况。

监理价值：监理人员了解手续文件在项目验收、审计和档案整理等环节的重要性，能够从办理变更手续的必要性和手续文件的完整性角度，协助建设单位管理项目变更工作，并将相关文件归档。

在某软件项目的实施过程中，使用部门需求调整导致需要对合同的原定开发内容进行调整和补充。由于不涉及合同金额调整，承建单位认为可以不办理变更手续。监理人员指出，项目必须按照合同规定完成开发，当发生需求调整时，也应该按照相应流程办理变更手续，避免验收专家、审计机构怀疑项目未按照合同要求履行。监理人员与建设单位沟通后，要求承建单位将变更申请、洽商记录、会议纪要、评审意见、监理意见等归入项目验收文件，并进行整理和移交。

根据《国家电子政务工程建设项目档案管理暂行办法》和《国家重大建设项目文件归档要求与档案整理规范》，项目档案应完整、准确、系统、有效。

《国家电子政务工程建设项目档案管理暂行办法》第二十五条规定：档案专家组出具档案验收意见，档案验收结果分为合格与不合格。档案专家组三分之二以上成员同意通过验收的为合格。档案验收不合格的电子政务项目，由档案专家组提出整改意见，并进行复查，复查后仍不合格的，不得通过竣工验收。

4.6 引入第三方机构的合规性案例

案例所属项目类型：通用。

案例合规性：政策合规。

问题场景：等保测评、审计、软件测试问题。

第三方机构的参与是信息化项目建设中的关键内容，也是项目验收关注的重要内容，缺少相关报告可能导致项目验收无法通过。

案例 66　等保测评机构什么时候入场比较合适？

要点： 网络安全等级保护制度 2.0 标准（简称等保 2.0 标准）于 2019 年 5 月正式发布，与等保 1.0 标准相比，其在保护范围、法律效应、技术标准、安全体系、定级流程、定级指导等方面均有较大调整，对等级保护对象也做了扩充。

监理价值： 监理人员了解相关标准和要求，可以在等级保护的定级备案、定级原则、测评周期等方面给出意见，在项目规划设计、工程实施及验收过程中，能够基于客户的 IT 基础设施建设现状和规划能力，及时提议引入等保测评机构，并协助建设单位对服务采购、测评过程管理、测评报告在竣工验收环节的有效性检查等提供支持。

在某信息化项目中，等保测评机构在各标段合同初验阶段进场并启动测评工作。监理人员指出，当前少数应用系统定为二级，多数应用系统定为三级，但由于本项目为投资规模较大的电子政务工程，由多级机构和人员使用，且对数据安全要求高。为满足后续业务扩展的需要，建议将所有应用系统定为三级。建设单位采纳了监理人员的建议。

《国务院办公厅关于印发国家政务信息化项目建设管理办法的通知》（国办发〔2019〕57 号）第二十五条规定：国家政务信息化项目建成后半年内，

项目建设单位应当按照国家有关规定申请审批部门组织验收，提交验收申请报告时应当一并附上项目建设总结、财务报告、审计报告、安全风险评估报告（包括涉密信息系统安全保密测评报告或者非涉密信息系统网络安全等级保护测评报告等）、密码应用安全性评估报告等材料。项目建设单位不能按期申请验收的，应当向项目审批部门提出延期验收申请。项目审批部门应当及时组织验收。验收完成后，项目建设单位应当将验收报告等材料报项目审批部门备案。

网络安全等级保护测评已成为项目验收的重要内容。监理人员可协助建设单位提前规划引入等保测评机构，保障采购程序规范，确保项目验收顺利完成。

案例 67　是否需要引入审计机构？

要点：审计报告是建设单位向项目审批部门提交的验收申请报告的重要组成部分。

监理价值：监理人员可协助建设单位，在适当时机引入审计机构，并做好与审计机构的配合工作，尽早发现项目招标、合同签订和实施阶段的资金使用问题，完善相关手续；协调建设单位完善项目资金管理制度和开展培训工作；检查项目专款专用情况，规范项目建设管理费、培训费和结余资金的使用，避免出现擅自挪用、占用等违规问题；为建设单位规范编制项目竣工财务决算提供支持，保障项目顺利验收。

在某信息化项目中，参与项目建设的建设单位直属部门较多，各直属部门都是独立法人单位，分别申领预算，项目实施管理部门的管理难度大，意识到项目资金无法统筹使用且有被挤占的风险。监理人员进场后，征求了专家意见，并向上级主管部门汇报了情况，通过开会和发文等方式，明确由项目实施管理部门统筹管理项目资金。由于预算已下发至各直属部门，监理人员建议：一方面，由项目实施管理部门尽快下发通知，提出专款专用和统筹使用要求；另一方面，尽快引入审计机构，进一步检查招标文件及合同中存在的问题，避免违规使用资金。

《国务院办公厅关于印发国家政务信息化项目建设管理办法的通知》（国办发〔2019〕57 号）第二十五条规定：国家政务信息化项目建成后半年内，项目建设单位应当按照国家有关规定申请审批部门组织验收，提交验收申请报告时应当一并附上项目建设总结、财务报告、审计报告、安全风险评估报告（包括涉密信息系统安全保密测评报告或者非涉密信息系统网络安全等级保护测评报告等）、密码应用安全性评估报告等材料。项目建设单位不能按期申请验收的，应当向项目审批部门提出延期验收申请。项目审批部门应当及时组织验收。验收完成后，项目建设单位应当将验收报告等材料报项目审批部门备案。

案例 68　为什么需要在软件项目中引入软件测试机构？

要点：在软件项目中引入软件测试机构，是检查和保障项目建设质量的有效方法，也是项目验收的重点。

监理价值：监理人员可协助建设单位做好三个层面的工作：一是选择软件测试机构的引入时间，在招标阶段制定引入方案，并在初验前启动测试工作，最迟在终验前的试运行阶段完成；二是明确对软件测试机构的要求，保障对多个标段测试机构要求的一致性；三是实现资金保障。由于监理单位不参与项目立项阶段的投资规划工作，如果项目确实需要采购软件测试机构，而投资概算中没有单列相关费用，监理人员应协调建设单位在项目招标采购前明确费用来源。

某信息化项目在初步设计和投资概算中没有单列软件测试费用，在深化设计中规划了近 20 个应用软件开发标段，且各标段有集成关系，建设单位和监理单位都关注到了软件开发质量问题。监理人员提议引入软件测试机构，以加强对项目的管理。建设单位就如何解决测试费用问题咨询监理人员，监理人员建议在各软件开发标段的招标文件中，明确建设单位的软件测试要求，强调由中标的承建单位承担相关费用，并与项目总集成单位协助建设单位制定和下发软件测试机构资质条件和技术要求。在项目整体验收阶段，由监理单位、项目总集成单位、建设单位、各标段承建单位共同完成整体测试工作。

《政府采购货物和服务招标投标管理办法》第七十四条规定：采购人应当及时对采购项目进行验收。采购人可以邀请参加本项目的其他投标人或者第三方机构参与验收。参与验收的投标人或者第三方机构的意见作为验收书的参考资料一并存档。

在软件测试机构进场后，监理人员可以协助建设单位检查机构和人员的资质，并协助审核测试方案，保障测试顺利完成。

4.7　项目资金审核的合规性案例

案例所属项目类型：通用。

案例合规性：政策合规。

问题场景：招标问题、资金使用问题、合同执行问题。

监理人员根据相关规范，通过事前控制，协助建设单位保障项目资金使用规范和资金安全，确保项目手续完整、资金调整方法合理、项目尾工处理完善。

案例 69　如何防止在招标阶段出现违法违规行为？

要点：应按照项目审批部门批复的采购方式组织招标，并防止围标、串标行为出现。

监理价值：在项目招标阶段，监理人员能够协助建设单位审核招标文件条款、技术实施和履约要求，配合建设单位检查招标文件评分表的合理性，避免出现品牌区域或具体机构案例、技术参数的倾向性或歧视性内容；如果涉及招标前的现场答疑会，监理人员应配合建设单位规范投标，并禁止围标及串标行为；招标完成后，应协助建设单位审核各标段中标和未中标资料，查找上述违规迹象并及时通报建设单位。

在某信息化项目完成第一阶段 3 个硬件标段的招标评审后，建设单位发出中标通知书前请监理人员协助检查 3 家投标单位的投标资料，发现 A 单位

（排名第一的单位）与 C 单位投标文件电子版的作者是同一人。监理人员立刻向建设单位汇报，建设单位研究决定按废标处理，发出废标公告，并重新组织招标。

《政府采购货物和服务招标投标管理办法》第三十七条规定，有下列情形之一的，视为投标人串通投标，其投标无效：①不同投标人的投标文件由同一单位或者个人编制；②不同投标人委托同一单位或者个人办理投标事宜；③不同投标人的投标文件载明的项目管理成员或者联系人员为同一人；④不同投标人的投标文件异常一致或者投标报价呈规律性差异；⑤不同投标人的投标文件相互混装；⑥不同投标人的投标保证金从同一单位或者个人的账户转出。

监理人员可协助建设单位严格审核项目招标文件，明确对投标人串标、围标行为的责任条款，并协调建设单位加强对招标机构的管理，避免串标、围标情况发生，保障招标工作顺利完成。

案例 70　会出现招标预算超出概算批复的情况吗？

要点：信息化项目需要在 3 个重点环节关注资金的一致性：项目招标预算与概算批复的一致性、项目合同价款与中标价款的一致性、项目实际支出与合同价款的一致性。

监理价值：监理人员了解项目审批部门、监管机构、审计机构等对资金一致性的要求，能够依据相关要求审查项目在招标、合同签订、变更等环节的资金使用问题，协助建设单位做好项目资金管控，遵从"批什么、做什么"，按法规要求调整，专款专用、手续齐全，避免出现资金挪用、占用等违规情况。

在某信息化项目的实施阶段，由于监理单位定标节点相对滞后，网络设备标段即将发出招标公告，监理人员进场后发现该标段招标预算为 210 万元，而网络设备的概算批复为 196 万元，监理人员及时向建设单位汇报。建设单位指派的网络设备标段采购负责人提出，招标预算虽然超出概算批复，但由于该标段采用公开招标方式，中标金额低于批复金额的可能性较大，而且已经通知了招标代理机构公告时间。监理人员认为，招标预算超概算已经不合规，侥幸心理可能带来更大的违规风险，建议修改招标预算。建设单位项目采购负责人将情况和监理意见上报项目管理办公室，项目管理办公室同意监理人员的意见，要求相关人员通知招标代理机构，调整招标预算后再发布招标公告。

《国务院办公厅关于印发国家政务信息化项目建设管理办法的通知》（国办发〔2019〕57 号）第二十二条规定：项目建设单位应当严格按照项目审批部门批复的初步设计方案和投资概算实施项目建设。项目建设目标和内容不变，项目总投资有结余的，应当按照相关规定将结余资金退回。项目建设的资金支出按照国库集中支付有关制度规定执行。

《中华人民共和国招标投标法实施条例》第五十七条规定：招标人和中标人应当依照招标投标法和本条例的规定签订书面合同，合同的标的、价款、质量、履行期限等主要条款应当与招标文件和中标人的投标文件的内容一致。招标人和中标人不得再行订立背离合同实质性内容的其他协议。招标人最迟应当在书面合同签订后 5 日内向中标人和未中标的投标人退还投标保证金及银行同期存款利息。

《基本建设财务规则》（中华人民共和国财政部令第 81 号）第三十条规定：项目主管部门应当会同财政部门加强工程价款结算的监督，重点审查工程招投标文件、工程量及各项费用的计取、合同协议、施工变更签证、人工和材料价差、工程索赔等。

上述条款是项目建设应遵守的政策法规，监理人员应协助建设单位严格履行审核和监管职责，避免出现违规使用项目建设资金的情况，并在项目实施阶段提醒建设单位尽早引入审计机构。

在项目招标和实施前，如果确实需要对建设内容进行调整，监理人员应配合建设单位在项目资金整体层面进行调整，完成项目深化设计，合规、合理地使用资金；在项目整体验收前，如果建设单位需要使用项目结余资金，监理人员需提醒建设单位将调整资金控制在 15% 以内，超出则应上报审批，并配合审计机构进行调整资金使用合规性检查。

案例 71　如果项目采购设备不在批复范围内，则问题出在哪个环节？

要点：如果缺少合理的手续，项目采购设备不在批复范围内存在违规使用资金的风险。

监理价值：监理人员了解信息化项目的特点，能够协助建设单位有效处理合理的项目变更、规范的资金调整所导致的采购设备与批复设备在数量或规格方面的差异。同时，监理人员能够协助建设单位核查项目招标文件内容与批复内容的一致性、合同内容与招标文件内容的一致性、到货设备与合同内容的一致性，避免在招标阶段出现拟招标的设备不在批复范围内或与批复的设备规格不符的情况。

在某信息化项目的到货验收环节，监理人员发现，合同约定的服务器配置四颗 CPU，而实际到货的是配置四核 CPU 的同品牌服务器，与项目批复内容、招标文件内容、合同内容均不符。监理人员拒绝在到货验收单上签字，在上报建设单位后，要求承建单位重新提供与符合要求的服务器，并向承建单位发出监理通知单，保证项目进度不滞后。

《基本建设财务规则》（中华人民共和国财政部令第 81 号）第三十条规定：项目主管部门应当会同财政部门加强工程价款结算的监督，重点审查工程招投标文件、工程量及各项费用的计取、合同协议、施工变更签证、人工和材料价差、工程索赔等。

对于不按项目要求采购的情况，监管部门会追究建设单位的责任，监理人员应协助建设加强合同审核、到货验收监督和变更管控。

从专业角度来看，在设计合理，设备负载不大的情况下，四核 CPU 的运行效率相比四颗 CPU 下降不是很大。但承建单位应严格按照合同内容供货，否则应完成项目变更流程，得到各方盖章确认。项目变更应有两种设备的参数对比、价格对比，更重要的是，应有做出调整的充分理由，以避免在审计和验收中出现问题。

> **案例72 规范合同及补充合同签字盖章手续的必要性是什么？**
>
> 要点：项目手续文件需要各方签字盖章，缺少手续文件或手续文件未签字盖章等情况是考察建设单位管理规范性的重要内容。
>
> 监理价值：监理人员可以在项目实施初期，协助建设单位基于项目管理办法（一般在申报阶段已编制完成）制定配套的管理制度、细则，明确合同支付流程、支付笔数和对应条件，确定项目变更流程、审核机制，规范项目验收的组织方式、评审流程、成果确认机制和归档要求等，通过有效的规章制度，对不在相关手续文件上签字盖章的行为进行约束。同时，在协助建设单位办理相关手续时，应仔细检查各方签字盖章的完备性，避免有缺漏。

在某信息化项目的审计环节，审计人员发现某标段在实施期间发生了设备数量变更，并签订了补充合同，但补充合同中的签字盖章栏空缺。监理人员解释道，此合同为双甲方合同，合同甲一方是项目实施管理部门，已完成了签字盖章，合同甲二方是机关单位，因日常工作较忙，甲二方项目负责人要求各承建单位将项目实施期间的手续文件一并提交，集中签字盖章。审计人员认为此方式影响文件的时效性，要求整改。监理人员积极协调甲二方尽快在补充合同上签字盖章。

《国家电子政务工程建设项目档案管理暂行办法》第十四条规定：电子政务项目实施机构归档的纸质文件应为原件或正本，且签章手续完备。同时应注重对电子文件、照片、录像等各种类型、载体文件材料的收集、归档。电子文件的归档范围参照纸质文件归档范围。

《建设工程文件归档规范》（GB/T 50328—2019）第 4.2.5 条规定：工程文件应字迹清楚，图样清晰，图表整洁，签字盖章手续应完备。

《建设项目档案管理规范》（DA/T 28—2018）第 7.1.3 条规定：项目文件应格式规范、内容准确、清晰整洁、编号规范、签字及盖章手续完备并满足耐久性要求。

在项目实施过程中，一些手续文件存在只签字不盖章、只盖章不签字、不填写日期等问题，监理人员应考虑文件的完整性、时效性、可追溯性等，协调项目相关各方及时签字盖章，协助建设单位建立规范的管理制度。

案例 73 合同内容与招标文件内容不一致怎么办？

要点：项目招标文件包括合同协议书、通用条款和主要专用条款等内容，是具法律效应的文件，不得在合同签订阶段进行实质性改变。

监理价值：监理人员了解相关合同签订规范，可以在项目招标前，协助建设单位制定招标文件中的合同模版，保证项目合同签订的规范性。

在某信息化项目的合同签订阶段，监理人员在审核某标段承建单位提交的合同时，发现其首付款比例比招标文件的合同模板中约定的比例增加了百分之十。建设单位提出，目前本项目年度预算执行率与年初计划差距较大，项目招标工作整体滞后，预算执行率指标完不成将影响考核，希望采取适当提高合同首付款或保证金比例的方式来解决此问题。监理人员认为，其一，每个标段招标文件发布公告前都经过了审核，首付款比例调整应符合审批流程，得到批准后再修改；其二，保证金比例统一为合同金额的 10%，提高其比例会违反规定。

《政府采购货物和服务招标投标管理办法》第七十一条规定：采购人应当自中标通知书发出之日起 30 日内，按照招标文件和中标人投标文件的规定，与中标人签订书面合同。所签订的合同不得对招标文件确定的事项和中标人投标文件作实质性修改。采购人不得向中标人提出任何不合理的要求作为签订合同的条件。第七十二条规定：政府采购合同应当包括采购人与中标人的名称和住所、标的、数量、质量、价款或者报酬、履行期限及地点和方式、验收要求、违约责任、解决争议的方法等内容。

监理人员应从管理合规和保护建设单位权益两个方面，加强对合同内容的审核，协助建设单位做好项目管理工作。

案例 74　软件功能缺项问题严重吗？

要点：项目应该严格遵守合同约定，如果需要调整，应有充分理由且必须办理变更手续。

监理价值：监理人员了解软件项目建设内容和需求调整的复杂性，了解项目批复文件、招标文件、合同内容的一致性要求，通过及时掌握用户需求和设计方案的变化，能够协助建设单位管理合同履行过程，防止出现资金损失。

在某信息化项目验收前的测试阶段，监理人员发现，应用软件开发标段的子系统数量比合同约定的数量少一个，应该核减 10 万元。承建单位项目经理解释道，应用软件使用部门认为该子系统功能与已建其他系统有重复，不需要开发，且项目开发团队按照使用部门的要求，对合同约定的其他需求进行了多次优化，已经超出了计划的工作量，不应核减合同额。监理人员重新核对合同条款并发现合同中有"需求变动不能增加开发费用"的约定，坚持核减合同额，并建议建设单位按正规变更流程核减合同中不需要开发的功能模块，按该模块在合同中的分项报价核减合同额，如果没有分项报价，建议由审计机构审核后核减合同额，核减工作在该标段合同尾款支付环节执行。

《基本建设财务规则》（中华人民共和国财政部令第 81 号）第三十条规定：项目主管部门应当会同财政部门加强工程价款结算的监督，重点审查工程招投标文件、工程量及各项费用的计取、合同协议、施工变更签证、人工和材料价差、工程索赔等。

在应用软件开发项目中，各方容易产生误区，认为当承建单位的实际工作量等于或超过合同约定内容对应的工作量且需求的变化由建设单位的业务部门提出时，可以不完成项目变更手续和签订补充合同。从审计的角度来看，项目建设成果和目标必须与合同保持一致，如果调整必须有规范、完整的变更手续，并在补充合同中明确调整内容，以及调整对应的工作量或成本。必要时，监理人员应协调建设单位就变更内容的合理性和工作量组织专家评审会。

案例 75　为什么各方需要关注项目概算数据的准确性？

要点：建设单位的申报文件和项目审批部门的批复文件、报告等是指导项目实施的依据，能够反映档案的真实性，应该保留原件及复印件或电子扫描件。

监理价值：监理人员能够协助建设单位，使项目资金管理合规、数据无偏差，所参照的政策依据应该准确有效，相关项目文件资料必须真实且可追溯，保障项目审计和验收顺利完成。

在某信息化项目的实施过程中，建设单位、监理单位、总集成单位等在讨论审核项目整体概算调整方案时发现，概算调整部分引用的概算数据与初步设计内容不一致，不符合相关要求。监理人员提出，目前项目各方依据的项目初步设计报告版本可能不是提交的最终版本，建议征求建设单位在项目立项阶段的相关负责人和项目初步设计报告编制单位的意见。建设单位项目负责人组织了专题会，邀请了项目初步设计报告编制单位和部分参与立项的内部人员，在共同核查、回忆申报阶段情况时发现，建设单位按照专家组对初步设计报告的评审意见完成整改后提交审批而收到的批复文件没有附带整改的初步设计报告，由于修订的过渡版本较多，且当初参与编写的人员有更换，有必要对最终版本进行确认。监理单位建议建设单位协调项目初步设计报告编制单位整理还原提交的最终版本，由建设单位、监理单位、总集成单位和项目初步设计报告编制单位共同确认，由项目初步设计报告编制单位重新装订并办理签字盖章手续，将其作为项目实施依据。

《国家电子政务工程建设项目档案管理暂行办法》第十四条规定：电子政务项目实施机构归档的纸质文件应为原件或正本，且签章手续完备。同时应注重对电子文件、照片、录像等各种类型、载体文件材料的收集、归档。电子文件的归档范围参照纸质文件归档范围。

《基本建设项目竣工财务决算管理暂行办法》第六条规定，项目竣工财务决算的编制依据主要包括：国家有关法律法规；经批准的可行性研究报告、初步设计、概算及概算调整文件；招标文件及招标投标书，施工、代建、勘察设计、监理及设备采购等合同，政府采购审批文件、采购合同；历年下达的项目年度财政资金投资计划、预算；工程结算资料；有关的会计及财务管理资料；其他有关资料。

监理人员应认识到，项目概算数据不准确将影响项目财务验收和竣工验收。信息化项目从立项到完成验收的周期长、人员变化大，前期的各类申报、评审和批复文件原件可能缺失，监理人员应协助建设单位及时对前期资料进行收集和归档。

案例 76　缺少培训人员签到表和支出原始凭证对培训费支出确认有哪些影响？

要点：项目实施阶段的项目管理制度培训、招标管理培训、技术应用培训、实施管理培训、档案整理培训等，是与相关方资源投入有关的经济行为，是审计和验收的重要内容。

监理价值：监理人员不仅能协助建设单位检查培训主办方的会前培训资料准备、培训日程编写、培训通知下发、培训签到和资料发放责任人员落实、受训人员食宿安排、现场设备调试准备和培训接待等情况，还能与培训场地提供方签订租用协议并获取会务相关活动的发票（包括境外培训的费用凭证）。在项目实施过程中，监理人员还需要协助建设单位做好年度项目培训计划和确定预算，并按计划落实，避免出现缺少培训费和当年培训费未支出、未结转等情况。

在某信息化项目的验收阶段，监理人员在协助建设单位审核某标段培训费支出情况时发现，承建单位提供的培训费支出明细中有多项支出没有原始凭证或缺少对应的人员签到表，监理人员认为此项培训手续不完整，不能确认支出成本。因此，建设单位与相关机构沟通，收集了部分书面材料，证明了培训的真实性，但仍有 5 万元费用无法确认，最终从该标段合同的 65 万元培训费中核减 5 万元。监理人员建议，在承建单位合同尾款支付环节扣除该费用。

《基本建设财务规则》（中华人民共和国财政部令第 81 号）第二十二条规定了不得列入项目建设成本的支出，其中无发票或者发票项目不全、无审批手续、无责任人员签字的支出较为常见，监理人员应协助建设单位确保财务票据完整。

监理人员需要提醒项目培训主办方（含承建单位）明确受训人员费用标准（含食宿、交通等），统计受训人数、培训天数、培训教材工本费、设备租赁费等，保障费用得到有效确认。

监理人员应加强学习与财务管理等相关的法规和政策，并遵守"花钱无小事、合规最重要"的原则。可以在招标文件中明确投标人承诺赠送的培训服务，且必须在投标文件报价中列出单价和计算依据。

案例 77　培训内容要与批复内容一致吗？

要点：与合同履行的严肃性相似，信息化项目应按照批复内容进行建设，没有充分理由不得擅自改变。

监理价值：监理人员能够从项目全局的角度，领会项目建设内容、目标、预算与批复内容保持一致的意义，了解培训原则、资金使用规范和财务规则，可以协助建设单位做好对培训的管理。

在某信息化项目中，建设单位将培训费纳入建设费用，整体公开招标。项目进行到培训阶段，监理人员在审核承建单位提交的培训方案时发现，培训费中有一项知识转移费，而在项目审批部门的批复内容中没有此项经费。监理人员认为此项经费与批复经费不一致，不应产生，监理人员向建设单位汇报并得到了建设单位的支持。

监理人员在依据《基本建设财务规则》（中华人民共和国财政部令第 81 号）协助建设单位规范使用培训费的同时，还需要按照《国家电子政务工程建设项目档案管理暂行办法》的要求，协助建设单位做好培训资料的整理工作。

《基本建设财务规则》（中华人民共和国财政部令第 81 号）第四十九条规定：项目终止、报废或者未按照批准的建设内容建设形成的剩余建设资金中，按照项目实际资金来源比例确认的财政资金应当收回财政。

案例 78　怎么使用项目建设管理费？

要点：项目建设管理费也在审计范围内，如果项目建设管理费使用不合规，相关人员将被追责。

监理价值：监理人员了解有关资金管理政策法规，能够协助建设单位合理使用项目建设管理费。

在某信息化项目的实施过程中，审计人员发现，建设单位某项名目为调研的差旅费为 4500 元，提交的报销凭证为授权支付网银付款回单、差旅费报销单、住宿费发票、机票行程单，相关凭证对应的额度没有差错，公务出差审批单、出差事由的确是赴相关地点进行调研，但既没有说明调研内容，也没有相应的调研材料，无法证明此次调研发生的费用与本项目相关，不符合相关规定。监理人员指出，出差人员在调研前，应该向相关人员发了邮件，说明了调研的时间和计划调研的议题等内容，并在项目例会上讨论过出差事宜，监理人员可提供会议纪要进行证明。同时，协调出差人员整理调研记录，形成调研报告。

《基本建设财务规则》（中华人民共和国财政部令第 81 号）第二十二条规定项目建设单位应当严格控制建设成本的范围、标准和支出责任，以下支出不得列入项目建设成本：①超过批准建设内容发生的支出；②不符合合同协议的支出；③非法收费和摊派；④无发票或者发票项目不全、无审批手续、无责任人员签字的支出；⑤因设计单位、施工单位、供货单位等原因造成的工程报废等损失，以及未按照规定报经批准的损失；⑥项目符合规定的验收条件之日起 3 个月后发生的支出；⑦其他不属于本项目应当负担的支出。第五条规定：财政部负责制定并指导实施基本建设财务管理制度。各级财政部门负责对基本建设财务活动实施全过程管理和监督。

《基本建设项目建设成本管理规定》第五条规定：项目建设管理费是指项目建设单位从项目筹建之日起至办理竣工财务决算之日止发生的管理性质的支出。包括：不在原单位发工资的工作人员工资及相关费用、办公费、办公场地租用费、差旅交通费、劳动保护费、工具用具使用费、固定资产使用费、招募生产工人费、技术图书资料费（含软件）、业务招待费、施工现场津贴、竣工验收费和其他管理性质开支。项目建设单位应当严格执行《党政机关厉行节约反对浪费条例》，严格控制项目建设管理费。

《中央和国家机关差旅费管理办法》第四条规定：中央单位应当建立健全公务出差审批制度。出差必须按规定报经单位有关领导批准，从严控制出差人数和天数；严格差旅费预算管理，控制差旅费支出规模；严禁无实质内容、无明确公务目的的差旅活动，严禁以任何名义和方式变相旅游，严禁异地部门间无实质内容的学习交流和考察调研。

在一些信息化项目的建设过程中，存在将项目建设管理费和培训费混淆和在年度预算中漏报相关费用的情况，监理人员需要做好事前提醒工作，并在建设单位申报相关费用时，协助进行检查和核算。

案例79　项目不满足支付条件就提前支付会有什么后果？

要点：严格按照合同规定的条件支付相关费用，是保障资金安全的有效措施。

监理价值：监理人员可以协助建设单位正确判断和处理以提高项目预算执行率、资金被财政部门收回、年底封账等为由提前支付相关费用的问题，避免违规使用资金。

某信息化项目的建设没有完全满足初验条件，由于年底财务封账期临近，承建单位急于收款，希望建设单位给予支持，并向监理单位提交了支付申请。建设单位也担心项目年度预算未执行完会被财政部门收回，咨询监理人员是否可以提前支付初验款。监理人员认为，本项目既没有达到初验条件，也没有按照项目验收管理细则组织专家评审会和签署三方初验报告，审计风险较大，建议建设单位尽快办理相关申报手续，说明保留预算资金的必要性，同时退回承建单位的支付申请。

《基本建设财务规则》（中华人民共和国财政部令第 81 号）第三十条规定：项目主管部门应当会同财政部门加强工程价款结算的监督，重点审查工程招投标文件、工程量及各项费用的计取、合同协议、施工变更签证、人工和材料价差、工程索赔等。

案例 80　合同存在开口条款有哪些隐患？

要点：在建设单位与承建单位或服务机构签订的合同中，原则上不应出现无法预测结果或无法实现的条款，此类合同存在争议。

监理价值：审计机构根据合同约定和乙方输出的有效成果来确定乙方履约的完整性。监理人员可以协助建设单位完善合同条款，避免因过度扩大合同责任范围而出现无法落实的情况。

在某信息化项目的审计环节，审计人员发现在建设单位与律师事务所签订的法律咨询服务合同中，有"乙方除负责××项目的全部合同审核和项目法律咨询等服务外，需要对甲方的其他合同和工作事宜提供审核、法律咨询服务"的条款，但在审核服务成果时发现，只有与项目有关的修订记录，没有书面文件资料，也没有合同约定的与本项目无关的其他服务成果。监理人员与相关人员沟通，整理并提交了与项目成果相关的纸质文件，并协调建设单位、审计机构、律师事务所相关人员参加专题会，由建设单位说明制定开口条款的初衷，不需要提供与项目无关的服务。监理单位提出由审计机构审核合同内容，对律师事务所未按合同提供的服务内容核减合同金额。监理单位编写了会议备忘并协调参会各方在会议备忘上签字。

监理人员应协助建设单位慎重签订合同，并按照《基本建设财务规则》（中华人民共和国财政部令第 81 号）的要求严格管控项目合同金额支出问题。

案例 81　项目建设内容有遗留能否进行竣工验收？

要点：按照相关管理规定，允许在项目竣工验收阶段，有少量建设内容遗留。

　　监理价值：监理人员了解项目财务管理的相关规定，能够协助建设单位判断项目未完成建设内容的重要程度及对项目应用产生的影响，以及在项目投资概算的资金中所占比例，将尾工遗留比例控制在 5%以内，并确定项目成果确认、文件归档和费用支付的管理机制，推进项目竣工验收工作。

　　某信息化项目已完成了各标段的终验工作，并进入档案整理和竣工验收阶段。由于建设单位在初步设计阶段未将外派机构纳入建设范围，在项目实施后期，建设单位考虑将 11 个外派机构接入已建的专网，此建设内容变更通过与网络接入标段承建单位签订补充合同来完成。在项目竣工验收阶段，仍有 3 个外派机构因机房（不在项目建设范围内）选址等问题未解决而在短期内无法接入专网。建设单位咨询监理人员，监理人员提出，外派机构接入专网不在初步设计的建设内容中，也不涉及对项目规划的应用软件系统的部署和使用，专网接入不属于项目核心内容且未实施的 3 个节点对应的资金比例不到项目总投资的 1%，可以作为项目尾工遗留内容，待条件具备时，由网络接入标段的承建单位实施。建设单位在项目竣工验收通过后，采用差额支付方式支付补充合同中已完成节点的款项，其余 3 个节点的款项待实施完成、对应的外派机构确认后进行支付。

　　《基本建设财务规则》（中华人民共和国财政部令第 81 号）第三十八条规定：项目一般不得预留尾工工程，确需预留尾工工程的，尾工工程投资不得超过批准的项目概（预）算总投资的 5%。项目主管部门应当督促项目建设单位抓紧实施项目尾工工程，加强对尾工工程资金使用的监督管理。

　　《基本建设项目竣工财务决算管理暂行办法》第十五条规定：项目主管部门应当加强对尾工工程建设资金监督管理，督促项目建设单位抓紧实施尾工工程，及时办理尾工工程建设资金清算和资产交付使用手续。

　　监理人员可协助建设单位，确定尾工遗留内容在项目中的重要程度和对建设目标的影响，使项目竣工验收顺利完成。

4.8 项目档案管理的合规性案例

案例所属项目类型：通用。

案例合规性：政策合规。

问题场景：签字盖章、档案管理、档案保管问题等。

监理人员依据《电子文件归档与电子档案管理规范》（GB/T 18894—2016）、《国家重大建设项目文件归档要求与档案整理规范》（DA/T 28—2002）和《国家电子政务工程建设项目档案管理暂行办法》等文件，协助建设单位保障项目档案的完整性和真实性，且签字盖章完备，确保项目档案管理合规。

> **案例 82　为什么项目整体技术方案和实施管理方案需要建设单位盖章确认？**
>
> 要点：由建设单位主导编写的项目整体技术方案和实施管理方案等是项目实施和验收的指导性文件，应纳入项目档案。建设单位盖章可以表明建设单位的确认意见。
>
> 监理价值：监理人员了解项目档案管理规定，理解在项目方案评审、到货验收、合同支付、项目变更中的关键文件及测试报告和验收报告上签字盖章的重要性，能够协助建设单位完善项目管理制度及配套管理细则，完成对整体技术方案和实施管理方案的审核，完成项目各项管理制度的下发和宣贯，组织项目专项检查和阶段成果确认等。

在某信息化项目的实施准备过程中，建设单位组织专家对项目整体技术方案和实施管理方案进行评审，监理单位在专家评审会上提交并宣读了监理意见。评审通过后，监理人员提议按照建设单位内部签报流程对整改方案进行审批，并盖章和进行归档管理。建设单位项目管理人员没有重视该内容，在项目建设后期，档案专家在进行档案整理成果预审查时指出存在整体方案缺少建设单位盖章及两个下发各承建单位的项目管理细则没有内部文号的问题。监理人员协助建设单位对手续进行了补充，顺利通过审查。

《国家电子政务工程建设项目档案管理暂行办法》第十四条规定：电子政务项目实施机构归档的纸质文件应为原件或正本，且签章手续完备。同时应注重对电子文件、照片、录像等各种类型、载体文件材料的收集、归档。电子文件的归档范围参照纸质文件归档范围。

监理人员应按照相关规定，协助建设单位项目管理人员检查手续文件，协调解决关键文件缺少签字盖章等问题。

案例 83　项目档案管理办法缺失有什么影响？

要点：项目档案管理办法能反映建设单位的档案管理工作是否完备。

监理价值：监理人员能够协助建设单位通过制定项目档案管理办法，建立健全归档制度、档案分类编号方案等管理制度和业务规范，明确各方的职责，接受上级档案管理部门的指导。

在某信息化项目的档案整理工作开展前，监理人员建议建设单位借鉴其他项目的管理经验，制定项目档案管理办法，并协调上级档案管理部门提供指导。建设单位项目负责人认为项目档案管理办法的审批周期较长，且与上级档案管理部门沟通难度较大，因此没有积极推动项目档案管理办法的制定，但要求监理人员协助讨论项目档案编目规则和文件归档的管理流程。在档案整理期间，邀请专家对档案整理工作进行指导，专家提出，项目投资规模大、标段较多、档案整理工作参差不齐，而且上级档案管理部门没有介入和指导，建议制定项目档案管理办法，用制度保障各方职责的落实。监理协助建设单位制定了项目档案管理办法，并建议建设单位使用项目建设管理费采购档案管理软件，得到了专家的认可。

《国家电子政务工程建设项目档案管理暂行办法》第二十四条规定了档案竣工验收主要内容及基本要求：①电子政务项目实施机构明确档案管理体制和职责，建立档案工作规章制度和业务规范，采取有效措施对本单位和各参建单位形成的档案进行统一管理；②电子政务项目文件材料的收集、整理和归档纳入合同管理，要求明确，控制措施有效；③电子政务项目文件材料的收集、整理、归档和档案的整理与移交符合有关档案管理标准的要求。电子政务项目档案完整、准确、系统、规范；④保证档案实体和信息的安全，档案装具、归档文件的制成材料符合耐久性要求。

监理人员应充分认识到档案管理的合规性（包括档案管理规定的规范性、有效性、完整性）及档案材料的真实性是档案专家行使一票否决权的要点，对项目验收至关重要。

案例 84　承建单位的自检报告重要吗？

要点：《中华人民共和国政府采购法》和《政府采购货物和服务招标投标管理办法》都对项目分包管理进行了规定。在一些项目中，存在承建单位履行责任不到位、对分包内容建设管理松散、缺少体现相应管理行为的书面材料等问题。

监理价值：监理人员了解相关政策法规的项目分包管理要求，可以协助建设单位加强对采取分包方式履行合同的承建单位的管理，检查承担分包建设的施工单位的资质和实施能力，要求承建单位切实履行管理职责，并按照项目管理要求，完成主体和分包内容建设及成果提交。

在某机房项目中，监理人员发现，在项目测试情况文档中，只有设备采购原厂商提供了自检报告，承建单位没有对机房项目整体测试情况进行说明并编写自检报告，于是要求承建单位进行补充。

在信息化项目中，机房项目资金占比较小，但机房项目却被单列并最早建设。在项目验收环节，专家对机房项目档案的关注度很高，会对照批复的建设内容、目标和概算，检查项目招标文件、投标文件、实施方案、专家评审意见、施工图、变更手续、整体测试和分项测试、竣工图、验收报告等。特别会针对合同中约定的分包内容，严格审查分包单位的施工资质和过程文件。

《中华人民共和国政府采购法》第四十八条规定：经采购人同意，中标、成交供应商可以依法采取分包方式履行合同。政府采购合同分包履行的，中标、成交供应商就采购项目和分包项目向采购人负责，分包供应商就分包项目承担责任。

《政府采购货物和服务招标投标管理办法》第三十五条规定：投标人根据招标文件的规定和采购项目的实际情况，拟在中标后将中标项目的非主体、非关键性工作分包的，应当在投标文件中载明分包承担主体，分包承担主体应当具备相应资质条件且不得再次分包。

案例 85　设备随箱资料的保管期限是多久？

要点：设备随箱资料不仅涉及等保测评环节的检查，还体现了项目档案的完整性。

监理价值：监理人员深刻理解项目档案管理如实反映项目建设全过程的必要性，了解相关资料的保管期限，能够协助建设单位收集、管理相关资料。

在某信息化项目的档案整理过程中，监理人员在检查、收集由某硬件集成标段承建单位暂时保管的随箱资料时，发现缺少装箱单、操作手册等随箱资料。承建单位解释道，因为建设单位存放项目过程文件的空间比较紧张，在到货验收时，只将合格证、证明材料、安装介质等进行了归档，监理单位确实提出了其他随箱资料由承建单位负责管理，但由于承建单位相关人员离职，在人员交接环节出现部分资料缺失的情况。监理人员要求承建单位提交情况说明，并在归档资料登记上进行了备注，同时监理人员建议承建单位从其他项目中寻找同规格设备的资料，以使资料齐全。

《国家电子政务工程建设项目档案管理暂行办法》第五条规定：电子政务项目档案工作在档案行政管理部门监督、指导下，由项目建设单位负责。项目建设单位应将档案工作纳入项目建设计划和管理程序，纳入相关人员的岗位职责，根据项目实际情况，采取有效措施，确保电子政务项目档案完整、准确、系统、有效。第十六条规定：档案保管期限分为永久、30 年、10 年三种。电子政务项目档案保管期限为 30 年的对应《国家重大建设项目文件归档要求与档案整理规范》中的长期，保管期限为 10 年的对应短期。

项目采购的设备、产品经过耗损、折旧，报废年限一般不超过 10 年，而项目档案的保管期限至少是 10 年，终验档案要求保管 30 年以上甚至永久保管。项目随箱资料的保管期限要求是 30 年，监理人员应保障各种规格的设备、产品至少保存一套完整的随箱资料。

> **案例 86　电子文件与纸质文件应如何保持一致？**
>
> 要点：要确保电子文件真实、完整、有效，应建立严格的保管制度，保障电子文件的安全性和可用性。
>
> 监理价值：监理人员了解相关要求，能够协助建设单位对电子文件、图像等各种类型的材料进行收集和归档，并通过制定项目管理制度和措施，确保各方提交的电子文件与对应的纸质文件内容一致。同时，监理人员可协助建设单位通过软件管理纸质文件并挂接对应的电子文件，以提高项目档案的检索效率和可用性。

在某信息化项目的档案整理过程中，监理人员发现某标段设计方案的电子文件与纸质文件的目录和对应内容不符，原因是承建单位相关人员对文件进行了错误的更换，导致电子文件版本混乱。经过协调，承建单位重新对相应的电子文件进行了归档。监理人员认为，由于项目标段较多、时间跨度大，版本混乱情况可能比较多。监理人员与建设单位相关人员沟通后，对处于修订中的项目档案管理办法进行了完善，要求项目各方形成的与纸质文件对应的电子文件必须为最终版，同时要求各承建单位在形成纸质文件的同时，及时将对应的电子文件归档。

《国家电子政务工程建设项目档案管理暂行办法》第十四条规定：电子政务项目实施机构归档的纸质文件应为原件或正本，且签章手续完备。同时应注重对电子文件、照片、录像等各种类型、载体文件材料的收集、归档。电子文件的归档范围参照纸质文件归档范围。

《电子文件归档与电子档案管理规范》（GB/T 18894—2016）规定：应对

电子文件、电子档案实施全程和集中管理,确保电子档案的真实性、可靠性、完整性与可用性。

案例 87　缺少照片和音视频资料怎么办?

要点: 在项目建设过程中形成的电子文件、照片、录像等资料,是能反映项目建设和管理实际情况的不可或缺的证明材料,应注重对其进行收集和归档。

监理价值: 监理人员可以依据档案管理办法和电子文件归档要求,协助建设单位对各类文件进行检查和审核,指导承建单位做好分类工作,按照项目类别和项目阶段,标明时间、地点、参与方信息等。

在某信息化项目的档案整理过程中,监理人员发现某标段承建单位组织了 6 次培训,但照片很少,承建单位项目经理经过协调又收集了一些照片,但其质量不高、可用性差。监理人员建议将每场培训录制的视频文件刻制成光盘提交，经监理人员查看并向建设单位汇报后，将其归档，并单独编目、装盒。

《国家电子政务工程建设项目档案管理暂行办法》第十四条规定：电子政务项目实施机构归档的纸质文件应为原件或正本，且签章手续完备。同时应注重对电子文件、照片、录像等各种类型、载体文件材料的收集、归档。电子文件的归档范围参照纸质文件归档范围。

《电子文件归档与电子档案管理规范》（GB/T 18894—2016）将电子文件定义为国家机构、社会组织或个人在履行其法定职责或处理事务过程中，通过计算机等电子设备形成、办理、传输和存储的数字格式的各种信息记录。电子文件由内容、结构、背景组成。

案例 88　过程文件缺失对项目验收有哪些影响？

要点：项目档案是政务信息化项目验收的重要内容，档案不合格则无法通过项目验收。

监理价值：监理人员在进场并了解项目前期文件的归档情况后，可以协助建设单位尽快明确项目档案管理要求并制定项目档案管理办法、管理制度，及时对前期缺失的各类文件（包括建设单位形成的签批文件）进行收集、整理，补充必要的手续。对于无法收集、补充的过程文件，监理人员应与建设单位沟通并协助其编写文件缺失情况和关于建设单位、监理单位采取的补救措施的说明，并将其归档。监理人员应注意各文件的业务逻辑、时间逻辑是否正常。

某信息化项目的实施跨度较长，监理人员进场后发现，项目的多个软件开发标段属于持续性升级改造类项目，承建单位只编写了详细设计方案，缺少评审手续和专家意见。监理人员对前期的项目建设情况和文件管理情况进行了调研，对各标段的文件进行了梳理和分析。与建设单位讨论后确定了文件补充和归档方案：一是协调相关承建单位编写需求规格说明书、概要设计方案，并组织专家进行集中评审；二是要求承建单位补充编写项目阶段性总结报告和项目验收总结报告；三是补充建设单位对各标段的验收意见；四是由监理单位牵头，对前期项目开工时间和支付情况进行梳理，复核各承建单位的资质，集中说明项目各标段的开工节点，并对项目各标段资金的支付条件进行复核。在项目验收时，监理单位针对档案缺失和补救情况进行了汇报，并提交了书面文件，使项目验收顺利通过。

项目各方应根据《国家电子政务工程建设项目档案管理暂行办法》进行档案管理，做到完整、准确、系统、有效。

信息化项目中存在监理单位进场较晚（包括验收式监理）的情况，会导致项目过程文件和手续文件缺失。前面介绍的管理补救措施体现了建设单位和监理单位项目档案管理工作的客观性和真实性。

案例 89　准确划分项目档案保管期限的必要性是什么？

要点：档案保管期限分为永久、30 年、10 年三种，随着项目建设单位物理空间日趋紧张，进行电子档案管理非常必要。

监理价值：监理人员了解项目文件归档范围和档案保管期限的相关要求，能协助建设单位准确划分项目实施过程中产生的各类文件的保管期限，避免档案保管期限分类错误。同时，监理人员应配合建设单位做好电子档案管理工作，提高项目档案长期保管的可靠性。

在某信息化项目的档案整理过程中，监理人员在审核项目各标段档案保管期限表时发现，同类档案的保管期限不一致，说明各承建单位相关人员对不同档案保管期限的理解存在较大差异。监理人员在纠正档案整理的各类错误的同时，协调建设单位再次组织对项目档案管理办法的培训和宣贯，通报各标段在档案整理中出现的普遍性问题，推介整理情况较好的档案样例，协助建设单位完成档案整理和验收工作。

《国家电子政务工程建设项目档案管理暂行办法》第十六条规定：档案保管期限分为永久、30 年、10 年三种。电子政务项目档案保管期限为 30 年的对应《国家重大建设项目文件归档要求与档案整理规范》中的长期，保管期限为 10 年的对应短期。

案例 90　档案保管场所的安全性要求有哪些？

要点：档案保管对环境有严格要求，以确保档案在保管期限内完整、不受损。

监理价值：监理人员能够从项目档案管理涉及的各方责任、档案保管期限、档案验收及后期利用等多个层面，认识项目档案保管的重要性和安全性要求，并协助建设单位完成项目档案质量审核、培训指导和归档整理工作，以及项目档案管理制度的建立健全工作。

某信息化项目进入档案整理环节前，针对将项目的归档文件放在建设单位项目管理人员办公室和楼道的文件柜中的情况，监理人员指出，项目文件会陆续整理成项目档案，目前其保管方式存在问题，部分文件柜是木制的，柜门锁有损坏情况，文件的借阅也缺乏严格的登记管理制度，存在较大的安全隐患。建设单位对该意见非常重视，研究后从项目建设管理费中安排专项资金，购买了铁皮文件柜和档案盒，配套了专用打印机和复印机，并专门腾出一间会议室，为窗户加装了护栏、检修了空调等设施，将已形成的所有资料集中存放。同时，监理人员协助建设单位指派专职档案管理人员，制定了档案室出入规定和文件借阅制度，有效保障了项目档案的安全。

在信息化项目的建设过程中，会形成大量文件，一般会采取边形成、边归档的方式，但随着文件的不断增加，保管难度逐渐加大。建设单位在有条件的情况下，会使用项目建设管理费，内部安排或租用专门的封闭场所，保管档案资料。但由于不是专业档案库，在档案安全防范、外部侵蚀等方面缺乏保障。根据《档案馆建筑设计规范》，档案防护内容应包括温湿度要求，外围护结构要求，防潮、防水、防日光及紫外线照射，防尘、防污染、防有害生物和安全防范等。纸质档案库的温湿度要求为：温度为 14～24℃，相对湿度为 45%～60%，还要注意防盗、防火和安全疏散。因此，需要高度重视档案馆安全。

案例91　定制开发的软件与采购的软件在管理上有哪些差异？

要点：定制开发的软件与采购的软件（含系统软件）在档案管理和资产管理上存在差异。

监理价值：监理人员了解采购的软件和定制开发的软件的区别，对于采购的数据库、操作系统、办公软件等，监理人员可在到货验收环节查验产品介质（载体）、服务许可、操作手册及安装说明；对于定制开发的软件，则要求提供过程文件、软件源代码等。监理人员可以协助建设单位正确区分定制开发的软件和采购的软件的档案管理差异，避免项目出现管理盲点。

在某软件采购及开发项目的招标阶段，为了满足招标产品采购和开发的占比要求，将一个项目分割成采购部分和开发部分。承建单位自主研发了一套供高校使用的软件，其产品化程度较高，进行少量定制开发即可满足使用需求。在提交成果时，由于合同没有明确要求软件按采购部分或开发部分提交，承建单位以成熟产品为由，不提供过程文件。监理人员提出，如果承建单位能提供软件著作权证明，则可以按采购部分提交；否则，应按开发部分提交，开发部分必须按要求提供需求规格说明书及概要设计、详细设计、数据库设计、测试中的过程文件。

《财政部关于进一步规范和加强政府机关软件资产管理的意见》（财行〔2011〕7号）指出：政府机关按照有关规定，通过各种方式形成的软件资产均属于国有资产，应当纳入部门资产管理体系，确保软件资产的安全完整。对达到固定资产价值和使用年限标准的软件，要按照中华人民共和国国家标准《固定资产分类与代码》（GB/T 14885—2010）等有关规定，纳入部门资产进行核算管理。在此基础上，根据不同软件资产的特点，区分情况，有针对性地开展软件资产管理工作。

《中央行政事业单位软件资产管理暂行办法》第十一条规定，软件资产作为固定资产中电子计算机及其外围设备类项目，按照下列规定登记入账：①单独购买的软件资产，根据发票据实入账；②在原有基础上重新开发、改版或者升级的软件，依据研制开发部门的项目决算，确定发生的支出，增记固定资产价值；③自行开发的信息系统应用软件，与硬件分别入账。对没有原始价格凭证的软件资产，应当参照市场价格评估后入账；依照国家有关规定需要评估的信息化成果，可以参照开发费用和市场情况进行预估，条件允许的，可以委托著作权价值评估机构评估后入账。

一些软件以成熟产品的形式进行采购，并根据实际使用需要进行必要的定制开发，监理人员应协助建设单位，明确采购部分和开发部分的管理要求，以及对软件知识产权的界定和管理。

4.9 项目概算调整的合规性案例

案例所属项目类型：通用。

案例合规性：政策合规。

问题场景：项目概算调整比例计算、预备费使用、二类费用管理等问题。

监理人员了解项目概算调整方法及预备费使用条件和适用范围，能够协助建设单位合规使用项目资金。

案例 92　如何正确计算项目概算调整比例？

要点：大型信息化项目实施过程中的概算调整是对已批复的建设内容进行优化设计，前提是不改变已批复的项目建设目标并将调增、调减比例控制在概算总投资的 15% 以内。

监理价值：监理人员熟悉大型信息化项目投资概算的构成，了解项目建设内容和概算调整要求，掌握投资概算表一、二级科目的调增和调减形成概算调整比例的计算方法，可以协助建设单位确定项目资金调整方法，避免出现违规调整和超比例使用资金等情况。

对于某信息化项目，在国家发展改革委批复项目初步设计和投资概算后，建设单位通过招标引入了监理单位和总集成单位，三方组成了联合工作组。由于相关机构业务调整，需要对项目初步设计和投资概算进行调整，联合工作组提出，很多调整内容需要征求业务司局的意见，存在不确定性，概算调整方案还要由办公厅批复后提交国家发展改革委备案，时间上也存在不确定性，而且项目后期还会发生不可预知的调整，建议先依照原批复内容划分标段、组织招标，边实施边调整。监理人员指出，从目前掌握的项目情况来看，项目建设内容，尤其是初步设计中涉及多个业务司局的应用软件开发内容，会有较大变化，如果招标后再调整，不仅难以统筹各标段，还容易出现部分标段概算调整超过 10% 的情况，违反相关规定。因此，建议在招标前进行概算调整，并完成整体优化方案的论证工作，履行报批手续。同时，监理人员还建议将投资概算表一、二级科目的调增和调减比例都控制在 7.5% 以内，即调增、调减的绝对值之和小于 15%。在由建设单位组织的专家咨询会上，确定了在项目招标前完成概算调整和整体方案优化的工作方式。对于调整比例计算方法，专家虽然有不同意见，但总集成单位认为可以将调增和调减比例控制在 7.5% 以内，符合相关规定。

《国家发展改革委关于进一步加强国家电子政务工程建设项目管理工作的通知》（发改高技[2008]2544 号）指出，项目建设部门应严格按照批复的初步设计方案和投资概算实施项目建设。主要建设内容或投资概算确需调整的，应事先向国家发展改革委提交调整报告，履行报批手续。对于投资规模未超出概算批复、原有建设目标不变且总概算规模内单项工程之间概算调整的数额不超过概算总投资 15% 的项目，并符合以下三种情况之一的可由项目建设部门自行调整，同时将调整批复文件报国家发展改革委备案：①确属于对原项目技术方案进行完善优化的；②根据国家出台的新政策或中央领导部署的新任务要求，改变或增加相应建设内容的；③根据所建电子政务项目业务发展的需要，在国家已批复项目建设规划的框架下适当调整相关建设进度的。

监理人员可协助建设单位把握以下原则：在项目初步设计和投资概算批复后，应严格执行，不得擅自增加建设内容、扩大建设规模、提高建设标准或改变设计方案，但在政策、业务发生较大变化时，监理人员可协助建设单位按照规范的计算方法计算概算调整比例，确需突破投资概算的，必须事先向国家发展改革委正式申报，避免出现擅自调整的情况。

案例 93　在什么情况下可以使用项目预备费？

要点：项目预备费是在项目初步设计和概算中难以预料的工程费用，分为基本预备费和涨价预备费。信息化项目实施中一般只涉及基本预备费，主要由设计变更和不可抗力导致费用增加。

监理价值：监理人员了解项目预备费管理要求，能够在信息化项目的实施过程中，协助建设单位通过项目整体方案优化和费用调整，解决项目局部建设费用缺口问题，尽可能不动用项目预备费。如果存在项目确实需要而批复的投资概算中未列支的费用（包括等保测评服务、审计服务、测试服务等费用），可以在必要时，将采购方式上报审批，以批复的方式采购相关服务，并纳入项目统筹管理范围。

在某共建的信息化项目完成主体建设内容并计划组织项目验收时，建设单位接到项目牵头部门项目管理办公室的通知，需要按照统一要求组织项目验收，其中等保测评报告和审计报告是验收的重要内容。由于项目建设规模较小，建设单位没有列支测评费用和审计费用，且项目建设管理费结余不多，预备费仅有几万元，建设单位希望监理单位提出可行的解决方案。监理人员指出，项目构成较简单，可协调建设单位其他信息化在建项目中的审计机构以较低的费用提供审计服务，同时集中使用项目建设管理费结余部分和预备费，通过竞争性谈判方式，引入等保测评机构，可基本满足两项服务的费用。建设单位就是否可以集中使用项目建设管理费结余部分和预备费咨询审计机构，得到支持后上报，并采购了审计和等保测评服务，顺利完成了项目验收。

《国家发展改革委关于加强中央预算内投资项目概算调整管理的通知》（发改投资[2009]1550 号）指出：对于申请调整概算的项目，国家发展改革委将按照静态控制、动态管理的原则，区别不可抗因素和人为因素对概算调整的内容和原因进行审查。对于使用基本预备费可以解决问题的项目，不予调整概算。对于确需调整概算的项目，须经国家发展改革委组织专家评审后方予核定批准。

在信息化项目的实施过程中，当出现确实需要调整的情况时，建设单位优先考虑使用招标结余资金，再使用项目预备费。

案例 94　项目建设中的二类费用是什么？

要点：二类费用的概念源于建设工程项目费用管理，信息化项目中的设计费、监理费、招标代理费、项目建设管理费、勘察设计费、各类检测费等都属于二类费用。

监理价值：监理人员了解机房项目、室外工程项目等信息化项目中的建设工程内容，以及室内环境检测、消防设施检测、防雷接地检测等产生的二类费用的属性，能够根据项目建设目标的要求，协助建设单位完善检测费使用规划和明确对检测机构的资质要求，避免在规划中遗漏消防设施和防雷接地检测等费用，并能协调收集检测报告、检测合同、发票等资料。

在某视频监控项目的申报阶段，建设单位在规划建设方案和预算时，未考虑处于山区的监控点的检测难度。建设单位在招标前咨询了多家潜在投标的检测机构，发现相应的预算不足。建设单位咨询监理人员应如何处理，监理人员提出，防雷接地是国家标准中的强制项，也是项目验收的检查项，必须检测过关，建设单位可以考虑将申报的检测费用于本级节点机房和二、三级汇聚节点的防雷检测，由建设单位与检测机构签订合同，所有前端点位的检测费由中标的承建单位承担。建设单位采纳了监理人员的建议，顺利完成了项目实施和验收工作。

监理人员应了解，建设工程中的二类费用也是可变费用，在信息化项目中，建设单位常常采用费用包干等方式签订合同，限制可变费用的调整，以应对各种不确定情况。信息化项目中二类费用的支出应符合《基本建设财务规则》（中华人民共和国财政部令第 81 号）的要求。

第5章

验收阶段

案例所属项目类型：通用。

案例合规性：政策合规、管理合规。

问题场景：建设内容不符、概算调整超标、缺少审计手续、国产化率不足等问题。

项目验收是对项目建设过程的管理合规性、政策法规符合性、与批复建设目标的一致性和项目建设效果的综合检验，监理人员通过事前控制和提醒建设单位适时引入第三方机构等措施，保障项目在工程管理、技术实现效果、财务管理和档案等方面的合规性。

案例95　结余资金过多正常吗？

要点：信息化项目在完整实现建设目标后，应按照财政资金管理流程将结余资金上缴财政部门。

监理价值：在项目招标、合同签订、前期调整、实施过程变更等环节，监理人员能够协助建设单位把控项目管理的合规性，并结合各标段的合同履行情况和建设成果，做好查漏补缺工作，并按照财政资金管理流程上缴。

在某信息化项目的验收准备阶段，建设单位组织了专家咨询会，邀请参与过其他信息化项目验收的技术、财务和档案专家参加。专家指出，项目结余资金接近概算总投资的 20%，金额较大。监理单位与建设单位共同提出，为了保证项目建设标准的统一性和设备选型的一致性，建设单位将各省级单位分别组织招标采购的方式调整为由部级统一招标、各省分签的方式。由于涉及部、省、市、县四级，采购数量庞大，规模效应导致产生的结余资金较多，专家理解和接受了该理由，项目顺利通过验收。在项目通过竣工验收后，建设单位将结余资金全部上缴。

《基本建设财务规则》（中华人民共和国财政部令第81号）第四十八条规定：经营性项目结余资金，转入单位的相关资产。非经营性项目结余资金，首先用于归还项目贷款。如有结余，按照项目资金来源属于财政资金的部分，应当在项目竣工验收合格后3个月内，按照预算管理制度有关规定收回财政。

在信息化项目的实施过程中，有几种不正常的结余资金产生原因，如项目存在应建未建内容、存在恶性价格竞争，以及实施阶段擅自调整设备规格或以次充好等，监理人员需要协助建设单位防止出现上述问题。

案例96　项目是否应按批复文件进行招标？

要点：原则上，项目招标应按照项目批复文件执行，但在满足相关要求的情况下，建设单位可根据实际情况进行部分调整。

监理价值：监理人员了解信息化项目的特点，可以协助建设单位严格按照批复的初步设计和投资概算组织各标段的招标管理工作。对于未在投资概算中明确列出且项目确实需要的内容，在预算规模较小的情况下，为保障项目整体进度，可进行适当调整，以提高采购效率。

对于某信息化项目，在批复的初步设计报告中明确要求项目所有建设内容都要公开招标。在项目实施过程中，建设单位计划引入审计机构，由于项目初步设计和投资概算中未将审计费单列，且项目建设管理费相对紧张，建设单位希望将采购预算控制在50万元以内，就采购方式咨询监理人员。监理人员指出，如果单纯考虑价格因素，采用竞争性谈判采购方式为宜，但考虑到项目投资金额大且为全国性项目，应选择一家有信息化项目审计经验、有实力的会计师事务所。监理人员提供了两种方案，一是咨询财务主管部门能否采用常年提供审计服务的机构，请其对项目决算工作进行指导并提供审计服务；二是建设单位项目管理人员咨询其他已完成项目验收的相关单位，重点考察几家会计师事务所，由建设单位自行组织 3 家会计师事务所进行竞争性谈判，确定成交单位。建设单位采用了第二种方案。

《中华人民共和国政府采购法实施条例》第二十五条规定：政府采购工程依法不进行招标的，应当依照政府采购法和本条例规定的竞争性谈判或者单一来源采购方式采购。

监理人员应注意，对于预算超出公开招标金额的情况，项目批复文件中会明确规定采购方式，应避免出现以相关法规允许为由，擅自改变采购方式的行为。

案例 97　概算调整的数额超过概算总投资的 15% 怎么办？

要点：为确保项目在批复的建设期内完成全部建设内容并通过验收，应将概算调整的数额控制在概算总投资的 15% 以内，并按照规定程序完成备案，如果概算调整的数额超过概算总投资的 15%，必须重新上报审批。

监理价值：监理人员理解建设单位充分利用资金进行信息化项目建设的初衷，能够协助建设单位做好对项目资金调整的管理，在保证实现项目整体建设目标的前提下，根据实际情况对资金配比进行合理的增、减。对于增加内容较多、涉及金额较大的调整方案，应组织专家论证，经上级机关审批通过后，提交项目审批部门备案。对于概算调整的数额超过概算总投资的 15% 且确实需要调整的情况，监理人员应协助建设单位履行重新申报程序，并提醒建设单位慎重考虑重新申报审批的不确定性和项目整体进度风险。

某信息化项目的结余资金约为概算批复的 20%，建设单位在项目实施后期规划了结余资金使用方案，监理人员在协助建设单位进行审核时发现，虽然结余资金使用方案中涉及对项目内容的补充和完善，但使用资金超过概算总投资的 15%，如果要按照此方案执行，建设单位必须重新上报审批，项目整体进度将受到很大影响。鉴于项目实施进度已经滞后，建议对使用方案进行优化，将使用资金控制在概算总投资的 15% 以内，在通过专家论证和上级机关审批后，提交项目审批部门备案。建设单位采纳了监理人员的建议，在进一步调研并征求使用部门的意见后，调整了项目结余资金使用方案。

《国务院办公厅关于印发国家政务信息化项目建设管理办法的通知》（国办发〔2019〕57号）第三条规定：国家政务信息化建设管理应当坚持统筹规划、共建共享、业务协同、安全可靠的原则。

《国家发展改革委关于进一步加强国家电子政务工程建设项目管理工作的通知》（发改高技[2008]2544号）指出，项目建设部门应严格按照批复的初步设计方案和投资概算实施项目建设。主要建设内容或投资概算确需调整的，应事先向国家发展改革委提交调整报告，履行报批手续。对于投资规模未超出概算批复、原有建设目标不变且总概算规模内单项工程之间概算调整的数额不超过概算总投资15%的项目，并符合以下三种情况之一的可由项目建设部门自行调整，同时将调整批复文件报国家发展改革委备案：①确属于对原项目技术方案进行完善优化的；②根据国家出台的新政策或中央领导部署的新任务要求，改变或增加相应建设内容的；③根据所建电子政务项目业务发展的需要，在国家已批复项目建设规划的框架下适当调整相关建设进度的。

由于大型信息化项目具有立项申报周期长、项目建设时间跨度大等特点，一些建设单位充分利用资金的需要较为迫切，如果对相关政策理解不到位，可能会出现概算调整比例过高、重新报批手续不合规等情况。项目资金使用的合规性，是审计机构关注的重要问题，一旦问题定性，存在项目资金退回、项目终止和相关人员被问责等风险。如果出现违规调整概算、管理失职、手续不完整等情况，建设单位将承担相应的责任。

案例98 为什么项目审计非常重要？

要点：财务决算和审计报告是项目验收的重要组成部分。

监理价值：监理人员了解财务决算和审计的作用，能够协助建设单位分析项目资金使用的难点，针对项目资金使用、财务决算编制工作中存在的问题，适时提出引入审计机构的建议，指导财务决算和审计工作，保障项目验收的合规性。

在某信息化项目的验收准备阶段，建设单位的项目管理人员在组织编写财务决算时，相关工作进展缓慢、缺乏专业指导。监理人员向建设单位说明引入审计机构的必要性，指出财务验收在项目验收中至关重要，本项目投资规模大、标段多、建设周期长、前期概算有调整、形成的设备数量大，因此梳理项目资金科目设置及使用的规范性、检查各标段合同履行情况、核定各标段设备及应用软件开发情况、确定各项支出财务凭证的完整性、对财务决算编制工作进行指导的工作量较大、花费时间较长。及时引入审计机构既可以对项目过程、流程进行检查、梳理并给出整改意见，也可以及时完成财务决算编制工作，为后续验收提供保障。建设单位启动了对审计机构的采购工作。

《国务院办公厅关于印发国家政务信息化项目建设管理办法的通知》（国办发〔2019〕57 号）第二十五条规定：国家政务信息化项目建成后半年内，项目建设单位应当按照国家有关规定申请审批部门组织验收，提交验收申请报告时应当一并附上项目建设总结、财务报告、审计报告、安全风险评估报

告（包括涉密信息系统安全保密测评报告或者非涉密信息系统网络安全等级保护测评报告等）、密码应用安全性评估报告等材料。项目建设单位不能按期申请验收的，应当向项目审批部门提出延期验收申请。项目审批部门应当及时组织验收。验收完成后，项目建设单位应当将验收报告等材料报项目审批部门备案。

《基本建设财务规则》（中华人民共和国财政部令第 81 号）第三十一条规定：项目竣工财务决算是正确核定项目资产价值、反映竣工项目建设成果的文件，是办理资产移交和产权登记的依据，包括竣工财务决算报表、竣工财务决算说明书以及相关材料。项目竣工财务决算应当数字准确、内容完整。竣工财务决算的编制要求另行规定。

案例 99　单一来源采购应防范哪些问题？

要点：单一来源采购需要满足相应的约束条件。

监理价值：合规且合理，是监理单位协助建设单位完成项目采购管理的价值体现，即在符合项目审批部门对项目初步设计和概算批复意见的基础上，结合项目实际需要，协助建设单位选择合理兼顾程序规范和时间效率的采购方式。

对于某信息化项目，由于特定情况，建设单位在项目可行性研究报告获得批复后，启动了项目招标和实施工作，在项目实施期间编制了项目初步设计报告。在项目初步设计和投资概算获得批复后，监理单位进场，对前期资料进行梳理和情况分析。监理人员发现，项目多个标段采用了单一来源采购方式进行采购，而且没有相关手续文件说明采用该采购方式的原因。建设单位根据监理人员的意见，收集整理了项目相关标段采购的相关审批文件，但部分审批文件只有一份原件留档。监理人员指出，可以将复印件作为项目档案归档，在组卷备考表中说明原件的保存位置即可，并建议建设单位在项目初步验收总结报告中，针对采用单一来源采购方式的情况进行说明，表明该采购行为发生在初步设计和投资概算批复之前，后期均按照批复的方式进行采购。

《中华人民共和国政府采购法》第三十一条规定，符合下列情形之一的货物或者服务，可以依照本法采用单一来源方式采购：①只能从唯一供应商处采购的；②发生了不可预见的紧急情况不能从其他供应商处采购的；③必须保证原有采购项目一致性或者服务配套的要求，需要继续从原供应商处添购，且添购资金总额不超过原合同采购金额百分之十的。

《政务信息系统政府采购管理暂行办法》第四条规定：采购人应当按照可行性研究报告、初步设计报告、预算审批时核准的内容和实际工作需要确定政务信息系统采购需求（以下简称采购需求）并组织采购。采购需求应当科学合理、明确细化，包括项目名称、采购人、预算金额、经费渠道、运行维护要求、数据共享要求、安全审查和保密要求、等级保护要求、分级保护要求、需落实的政府采购政策和履约验收方案等内容。

上述文件说明了采取单一来源采购方式的合规性，以及建设单位根据需要选择该采购方式的合理性。

监理人员可协助建设单位根据相关要求采用单一来源采购方式进行采购，避免出现以单一来源采购方式排斥其他供应商的情况。同时，监理人员还应注意如果单一来源采购达到公开招标数额标准，应按照《中华人民共和国政府采购法实施条例》第三十八条规定进行公示。

《中华人民共和国政府采购法实施条例》第三十八条规定：达到公开招标数额标准，符合政府采购法第三十一条第一项规定情形，只能从唯一供应商处采购的，采购人应当将采购项目信息和唯一供应商名称在省级以上人民政府财政部门指定的媒体上公示，公示期不得少于 5 个工作日。

案例 100　建立项目管理制度的作用是什么？

要点：建设单位需要按照政策法规要求建立项目管理制度，并接受有关部门的监督。

监理价值：监理人员了解相关政策法规要求，能够协助建设单位制定与项目实际情况相符的项目管理制度，将其作为监理单位进行项目管控的依据，并根据政策、环境的变化，及时对其进行补充和完善。

在某信息化项目的实施过程中，监理人员在与建设单位项目管理人员讨论项目各标段验收方式时发现，项目验收包括各标段在各省的验收、各省组织在本省实施的所有标段的验收、各标段在各省实施完成后的整体验收和项目整体验收，这 4 个层面的验收又分为初验和终验两个阶段。由于项目规划的标段数量接近 20 个，且在多个省实施，因此各标段在各省的验收项过多，管理成本和时间成本都无法把控，项目进度目标难以实现。在上报项目管理办公室并获得批准后，建设单位确定了结合项目实际情况简化验收程序的计划，监理单位协助建设单位制定了项目验收管理细则，主要包括五项内容：一是组织硬件（含产品）标段在各省联合验收，集中完成硬件设备的到货验收、标段系统测试和标段间集成测试，由各省的用户与监理单位、承建单位共同完成到货验收文件会签和联调测试结果确认，项目管理办公室在组织各标段的初验时，邀请各省用户参加；二是各应用软件开发标段利用专网进行远程部署，通过现场和远程结合的方式进行培训，并取得用户对系统功能和稳定性的书面确认；三是项目管理办公室组织在各省的软件标段和硬件标段的整体交付，并组织各省签署确认报告及标段测试和整体测试报告，交付项目档案，并初步进行各省对项目的整体验收；四是在组织全部标段的终验时，仍然邀请各省用户代表参加并发表意见，一并完成各标段在各省的终验；五是在项目整体验收阶段，项目管理办公室协调各省用户编写关于项目在本省的建设情况、资金使用情况、档案管理情况的工作总结，并由项目管理办公室归档。在项目初步验收会上，专家组在听取建设单位的情况汇报后，对建设单位结合项目实际需要调整项目管理办法的做法非常认同。

《国务院办公厅关于印发国家政务信息化项目建设管理办法的通知》（国办发〔2019〕57 号）第十三条规定：项目建设单位应当确定项目实施机构和项目责任人，建立健全项目管理制度，加强对项目全过程的统筹协调，强化信息共享和业务协同，并严格执行招标投标、政府采购、工程监理、合同管理等制度。招标采购涉密信息系统的，还应当执行保密有关法律法规规定。

《基本建设财务规则》（中华人民共和国财政部令第 81 号）第五十六条规

定：项目建设单位应当建立、健全内部控制和项目财务信息报告制度，依法接受财政部门和项目主管部门等的财务监督管理。

监理人员应关注建设单位制定的项目管理制度，协助建设单位将管理制度与项目特点结合，避免出现制度无法落实和对应成果缺失的情况。

案例 101　未开展安全风险评估会影响项目验收吗？

要点：安全风险评估与等保测评都是非涉密信息系统验收关注的重要内容。

监理价值：监理人员了解相关政策法规，能够正确区分安全风险评估与等保测评，并协助建设单位适时开展和完成安全风险评估和等保测评工作，保障项目管理合规。

在某信息化项目的实施过程中，监理人员在核对项目初步设计与项目各标段合同的一致性后，向建设单位提出，批复的初步设计和投资概算中只列支了等保测评费用，没有明确安全风险评估费用。建设单位组织了专题会，承建单位相关人员认为，等保测评可以覆盖安全风险评估的相关内容，不需要单独采购。监理人员指出，安全风险评估和等保测评依据的准则不同、确定实施方位和边界的方法与依据不同、面对的对象不同，可以相互借鉴，但应分开实施，建设单位在安排采购事宜时，可选择由同时具备两项资质的机构提供服务，可提高资金使用效率。建设单位采纳了监理人员的建议，采购了具备安全风险评估与等保测评资质的机构，为项目规范实施和验收提供了保障。

《国家发展改革委关于进一步加强国家电子政务工程建设项目管理工作的通知》（发改高技[2008]2544 号）指出：项目建设部门要进一步加强电子政务项目的信息安全工作。根据国家关于信息安全等级保护和涉密信息系统分级保护的有关规定，项目建设部门在电子政务项目的需求分析报告和建设方案中，应同步落实等级保护和分级保护的相关要求，形成与业务应用紧密结合、技术上自主可控的信息安全解决方案。项目建设中应切实落实有关信息安全解决方案，完成相关的建设内容。电子政务项目建设任务完成后试运行期间，项目建设部门应组织开展信息安全风险评估工作，具体要求请按《关于加强国家电子政务工程建设项目信息安全风险评估工作的通知》（发改高技[2008]2071 号）执行。

《关于加强国家电子政务工程建设项目信息安全风险评估工作的通知》（发改高技[2008]2071 号）第七条指出：项目建设单位应在项目建设任务完成后试运行期间，组织开展该项目的信息安全风险评估工作，并形成相关文档，该文档应作为项目验收的重要内容。

《国务院办公厅关于印发国家政务信息化项目建设管理办法的通知》（国办发〔2019〕57 号）第二十五条规定：国家政务信息化项目建成后半年内，项目建设单位应当按照国家有关规定申请审批部门组织验收，提交验收申请报告时应当一并附上项目建设总结、财务报告、审计报告、安全风险评估报告（包括涉密信息系统安全保密测评报告或者非涉密信息系统网络安全等级保护测评报告等）、密码应用安全性评估报告等材料。项目建设单位不能按期申请验收的，应当向项目审批部门提出延期验收申请。项目审批部门应当及时组织验收。验收完成后，项目建设单位应当将验收报告等材料报项目审批部门备案。

监理人员应从项目政策合规和管理合规两个维度，高度重视安全风险评估和等保测评工作，持续了解、掌握相关标准的变化，不断提高咨询和管理能力。

案例 102　信息化项目为何关注国产化率？

要点：项目建设单位应优先采购自主可控的设备、产品，以确保项目安全可靠。

监理价值：网络和安全设备是重要内容，监理人员能够结合当前开展信息技术应用创新的形势，协助建设单位做好涉密项目和非涉密项目的建设和管理。

某信息化项目完成招标，监理人员在梳理统计项目各标段设备数量时发现，由于台式计算机标段的中标单位弃权，建设单位与中标候选单位中排名第二的某国外品牌代理商签订了合同，采购的设备数量庞大，导致国产化率下降。监理人员建议建设单位针对采购调整编写专题材料，将其作为实际国产化率低于初步设计和投资概算批复的比例的情况说明。在验收环节，建设单位向验收专家汇报了国产化率情况，强调项目采购的重要安全设备、服务器等均为国产设备。

《国家发展改革委关于进一步加强国家电子政务工程建设项目管理工作的通知》（发改高技[2008]2544 号）指出：项目建设部门应按照《中华人民共和国招标投标法》和《中华人民共和国政府采购法》的有关规定，优先采购自主可控的信息安全设备、核心网络设备、基础软件、系统软件和业务应用软件等关键产品，以确保电子政务项目的安全可靠。自主可控产品的采购情况，将作为项目检查、验收、后评价的重要内容，以及审批项目建设部门后续电子政务项目的重要参考。

监理人员应了解非涉密项目与涉密项目的管理要求差异，并充分认识信息技术应用创新和国产替代的内涵，为建设单位全面提高信息化项目国产化率和信息系统安全，做好咨询规划和监理服务。

案例 103　项目建设效果包括哪些内容？

要点：信息化项目建设效果包括项目资金执行效率、项目建设进度、项目建设目标实现和项目应用效果等内容。

监理价值：监理人员了解相关政策要求，理解用户意见对项目建设效果评价的关键作用，能够协助建设单位确保项目建设目标实现和建设内容完整，并向建设单位提出合理建议，协调推进项目使用部门参与项目的积极性并形成用户评价意见，抓好项目建设效果。

在某信息化项目的实施过程中，监理人员在审核各标段初验文档时，发现多个应用软件开发标段缺少用户意见，承建单位的解释是用户不愿签署书面意见。监理人员协助建设单位组织对不同用户的专题访谈，了解到承建单位没有积极响应用户提出的合理调整和功能优化需求。监理人员在与建设单位沟通后，结合各标段合同要求，向相关承建单位发出监理通知单，指出承建单位面临违约，要求承建单位按照合同规定完成整改工作。在项目验收阶段，监理人员建议建设单位选择两个用户代表，在验收现场宣读对项目建设效果的评价。

《国务院办公厅关于印发国家政务信息化项目建设管理办法的通知》（国办发〔2019〕57 号）第三十二条规定：项目审批部门、主管部门应当加强对绩效评价和项目后评价结果的应用，根据评价结果对国家政务信息化项目存在的问题提出整改意见，指导完善相关管理制度，并按照项目审批管理要求将评价结果作为下一年度安排政府投资和运行维护经费的重要依据。

《基本建设财务规则》（中华人民共和国财政部令第 81 号）第五十二条规定：项目绩效评价应当重点对项目建设成本、工程造价、投资控制、达产能力与设计能力差异、偿债能力、持续经营能力等实施绩效评价，根据管理需要和项目特点选用社会效益指标、财务效益指标、工程质量指标、建设工期指标、资金来源指标、资金使用指标、实际投资回收期指标、实际单位生产（营运）能力投资指标等评价指标。第五十三条规定：财政部门负责制定项目绩效评价管理办法，对项目绩效评价工作进行指导和监督，选择部分项目开展重点绩效评价，依法公开绩效评价结果。绩效评价结果作为项目财政资金预算安排和资金拨付的重要依据。

监理人员应了解相关政策法规，协助建设单位在完成项目建设的基础上，进行信息资源整合和数据共享，为建设单位的可持续发展提供保障。

案例 104　在什么情况下可以简化项目验收程序？

要点：简化项目验收程序，应在注重项目管理效率的同时，保证必要的程序和要素没有缺失。

监理价值：监理人员了解信息化项目建设和管理的相关要求，能够协助建设单位做到建设程序合规、管理有效。

在某信息化项目各标段的试运行阶段，建设单位开始进行项目整体验收的筹备工作，鉴于项目进度存在一定的滞后，考虑根据相关要求对项目验收程序进行简化，计划直接组织项目终验，工程、技术、财务、档案四个分项集中验收后，当天就组织验收会，以简化程序、提高效率、保障进度。建设单位就该计划的可行性咨询监理人员。监理人员指出，本项目的投资规模大、标段多、覆盖范围广、设备数量多，且项目等保测评、安全风险评估、密码应用安全性评估、财务决算、审计、档案整理等工作尚未实际开展，这些工作的复杂性强、工作量大、耗时长，将形成大量的文件，专家要在半天内完成对工程技术、概算执行与资金管理、档案合规性的检查及项目建设和管理效果评价的难度过大。监理人员建议建设单位在等保测评、安全风险评估、密码应用安全性评估、财务决算、审计、档案整理等工作完成后，组织项目预验收会，检查项目各环节的问题、形成整改意见；按照整改意见完成整改后，根据验收内容的复杂程度确定工程、技术、财务、档案的验收方式，分别形成工程建设、财务、档案的验收意见，再组织验收会。建设单位采纳了监理人员的建议。

《国务院办公厅关于印发国家政务信息化项目建设管理办法的通知》（国办发〔2019〕57 号）第二十五条规定：国家政务信息化项目建成后半年内，项目建设单位应当按照国家有关规定申请审批部门组织验收，提交验收申请报告时应当一并附上项目建设总结、财务报告、审计报告、安全风险评估报告（包括涉密信息系统安全保密测评报告或者非涉密信息系统网络安全等级保护测评报告等）、密码应用安全性评估报告等材料。项目建设单位不能按期申请验收的，应当向项目审批部门提出延期验收申请。项目审批部门应当及时组织验收。验收完成后，项目建设单位应当将验收报告等材料报项目审批部门备案。第二十六条规定：项目建设单位应当按照国家有关档案管理的规定，做好项目档案管理，并探索应用电子档案。未进行档案验收或者档案验收不合格的，不得通过项目验收。

第6章

审计阶段

案例所属项目类型：通用。

案例合规性：政策合规。

问题场景：资产划拨问题、结余资金使用问题。

监理人员了解财务决算、资金管理和监督管理的相关要求，能协助建设单位配合项目主管部门做好审计和交付工作。

案例105　行使处罚权的意义是什么？

要点：严格按照合同履约是验收专家、审计专家关注的重要内容，合同中的违约处罚条款，实际上是对资金安全性的保障。

监理价值：监理人员能够协助建设单位对建设内容的完整性、建设目标的符合性进行核查，明确项目建设周期、阶段与对应的建设成果，以及针对事项和处罚方式等，使合同与项目批复的建设内容保持一致，并协助建设单位监督合同履行过程。

在某信息化项目的实施后期，监理人员在审核各标段开工申请、项目启动会、实际的初验和终验时间、合同规定的建设周期、试运行周期、验收条件、合同支付条件和已完成的付款等资料时，发现以项目开工令签发日期为起点，项目多个标段的终验时间超出合同规定的时间。虽然在项目实施过程中，监理单位针对因非承建单位责任产生的项目进度滞后情况办理了延期手续,且将相关文件上报建设单位,但建设单位没有签署同意项目延期的文件。在这种情况下,审计专家将认为承建单位违约,且建设单位存在"应罚未罚"的问题。建设单位对监理人员的意见较为重视,为简化对事后发生的"一事一议"重新签报程序,建设单位项目管理人员集中编写一份签报,说明涉及的标段延期情况符合实际并予以确认,并附上相关文件。

《基本建设财务规则》(中华人民共和国财政部令第 81 号)第三十条规定:项目主管部门应当会同财政部门加强工程价款结算的监督,重点审查工程招投标文件、工程量及各项费用的计取、合同协议、施工变更签证、人工和材料价差、工程索赔等。

在项目实施过程中,监理人员应关注项目进度与合同的关联,并按照合同约定的时间及时检查履约情况,避免出现管理问题。

案例 106　具备哪些条件才可以使用项目结余资金?

要点:原则上,项目结余资金应按规定退回。项目结余资金使用也属于项目概算调整,确实需要使用时,须严格按照相关要求完成变更。

监理价值:监理人员应配合建设单位完成项目概算调整报告编写、组织专家评审会、履行审批和提交备案程序,坚持调整内容与项目建设内容关联的原则。

对于某信息化项目,建设单位为提高资金使用效率,利用结余资金重新规划了 3 个新的采购标段,准备组织招标工作。监理人员在协助建设单位审核招标文件中的内容后,提出两点意见:一是调整方案应上报审批并提交备案,建议在上报概算调整与资金使用方案前,组织专家论证会;二是现有方案中的一个标段主要采购移动硬盘、无线上网卡,但移动硬盘和无线上网卡不是系统必须使用的设备,存在违规使用结余资金的风险。建设单位根据监理人员的意见,完善了方案、组织了专家论证,并履行审批和备案程序。

信息化项目概算调整涉及《国务院办公厅关于印发国家政务信息化项目建设管理办法的通知》(国办发〔2019〕57 号)、《国家发展改革委关于进一步加强国家电子政务工程建设项目管理工作的通知》（发改高技[2008]2544号）、《基本建设项目竣工财务决算管理暂行办法》等文件，监理人员应协助建设单位正确理解和把握项目结余资金使用的相关要求，避免出现违规情况。

案例107　财政部门何时进行项目竣工财务决算审核？

要点：建设单位在完工后6个月内可申请由财政部门或专业机构进行竣工财务决算，同时提交竣工验收材料并组织项目竣工验收工作，竣工财务决算批复工作可在竣工验收后进行。

监理价值：监理人员了解相关程序和落实方式，能够协助建设单位正确开展项目竣工验收和竣工财务决算，避免验收工作受制约。

在某信息化项目准备竣工验收的过程中，监理人员编写监理工作总结，配合建设单位编写财务报告、档案报告和竣工财务决算说明书，并协助建设单位编写项目竣工验收工作指南及统计合同未支付项和建设单位开展竣工验收应预留的费用等。建设单位准备组织项目竣工验收工作，有人提出应先申请开展项目竣工财务决算审核工作，建设单位征求监理单位和审计机构的意见，监理人员认为，按照相关规定，应先开展竣工验收准备工作，如果先启动项目竣工财务决算审核工作，存在项目建设管理费被收回的风险。建设单位采纳了监理人员的建议。

《基本建设财务规则》（中华人民共和国财政部令第81号）第三十六条规定：项目竣工财务决算审核、批复管理职责和程序要求由同级财政部门确定。第三十七条规定：财政部门和项目主管部门对项目竣工财务决算实行先审核、后批复的办法，可以委托预算评审机构或者有专业能力的社会中介机构进行审核。对符合条件的，应当在6个月内批复。

《基本建设项目竣工财务决算管理暂行办法》第二条指出：基本建设项目（以下简称项目）完工可投入使用或者试运行合格后，应当在3个月内编报竣工财务决算，特殊情况确需延长的，中小型项目不得超过2个月，大型项目不得超过6个月。第十二条指出：中央项目竣工财务决算，由财政部制定统一的审核批复管理制度和操作规程。中央项目主管部门本级以及不向财政部报送年度部门决算的中央单位的项目竣工财务决算，由财政部批复；其他中央项目竣工财务决算，由中央项目主管部门负责批复，报财政部备案。国家另有规定的，从其规定。地方项目竣工财务决算审核批复管理职责和程序要求由同级财政部门确定。经营性项目的项目资本中，财政资金所占比例未超过 50% 的，项目竣工财务决算可以不报财政部门或者项目主管部门审核批复。项目建设单位应当按照国家有关规定加强工程价款结算和项目竣工财务决算管理。第十三条指出：财政部门和项目主管部门对项目竣工财务决算实行先审核、后批复的办法，可以委托预算评审机构或者有专业能力的社会中介机构进行审核。

应由财政部门对项目竣工财务决算进行审核，大型信息化项目的建设实践表明，建设单位一般会在项目竣工验收后，向财政部门提交申请并配合进行项目竣工财务决算审核，以确保项目按整体进度计划完成实施和竣工验收。

案例 108　项目竣工验收通过后还需注意哪些问题？

要点： 项目竣工验收通过后，应将项目形成的资产交付或转交项目使用单位，涉及两级财政投资的项目的资产交付过程较为复杂，是审计环节关注的重要内容。

监理价值： 项目竣工验收通过后，监理合同已经履约完成，但监理仍需要站在担负建设单位项目全生命周期管理职责的角度，协助建设单位对项目资产交付的手续进行完善。

在某信息化项目进行竣工验收前，监理人员在配合审计机构审核竣工财务决算说明书时发现，项目整体资金源于部、省两级投资，批复的资金除了用于本级节点建设，还对各省的建设内容提供补助。项目采用统招分签方式，即项目管理办公室按照批复的建设内容和概算，对规划的项目标段进行统一招标，在与中标的承建单位签订整体框架协议后，承建单位再与各级建设单位分别签订合同，同步组织项目建设。监理人员根据项目特点，建议建设单位以省为单位进行竣工财务决算，协调各单位编制竣工财务决算报表和竣工财务决算说明书，由于涉及的设备资产过多，为便于后续资产交付，竣工财务决算报表中除交付使用资产总表外，还需要提供以交付对象为单位的资产交付明细表。为保障后期资产交付及财政部门审核顺利完成，建设单位应组织竣工财务决算报表和竣工财务决算说明书的修订工作。建设单位采纳了监理人员的建议。

《基本建设财务规则》（中华人民共和国财政部令第 81 号）第四十二条规定：项目竣工验收合格后应当及时办理资产交付使用手续，并依据批复的项目竣工财务决算进行账务调整。

《基本建设项目竣工财务决算管理暂行办法》第十九条指出：项目竣工后应当及时办理资金清算和资产交付手续，并依据项目竣工财务决算批复意见办理产权登记和有关资产入账或调账。

监理人员应关注，项目资产交付后，往往需要录入资产专用管理系统，对于不支持多人同时录入的单机系统来说，其效率很低。如有条件，监理人员应向建设单位建议协调各标段承建单位配合完成。

下篇

项目风险管控案例

第7章

项目施工风险管控

项目施工风险等级较高，监理人员应在机房、弱电工程、各类室外工程项目中牢牢树立施工安全意识，定期检查承建单位安全制度落实情况，要求施工人员持证上岗，并设置专职安全员。施工中的用电、用火、高空及有限空间作业存在安全风险，应建立常态化安全检查机制，发现问题及时纠正，禁止违反规范进行操作，保护人员生命和财产安全。

案例109 项目施工中缺少安全设施的风险管控案例

要点：机房和室外工程项目的作业面较大、参与的承建单位和人员较多，人员安全意识参差不齐，容易因安全设施问题发生事故。

监理价值：监理人员积累了较丰富的机房和室外工程项目工作经验，熟悉适用于不同环境的规范、标准，可协助建设单位做好施工前的相关检查工作，并及时处理施工过程中出现的问题，预防安全事故发生。

在某机房项目中，监理人员在进行现场检查时发现，由于天气炎热，承建单位个别施工人员在取电时不戴安全帽、在登高作业时不系安全带，监理人员几次纠正未果，进一步检查发现，该施工人员未取得电工职业资格证书。监理人员协调建设单位组织了现场专题会，对该承建单位提出批评，并发出监理通知单予以警告，要求承建单位组织安全制度和作业规范培训，并由持证人员作业。

施工前需要准备资料和工具，进行加电前的检查、现场设备的外观和备件检查、设备安装安全检查，规范机房接地（交流工作地、安全保护地、防雷地、支流工作地、机房地线总汇流排）要求、电源设备与机房内其他设备相连接的电缆及布线要求、电源系统市电供电接法与机房市电供电制式一致性要求等。此外，在机房电源割接环节必须检查施工人员资格、工具的绝缘性和相关防护设施的完备情况。

在机房和室外工程项目的施工过程中，存在施工人员作业时不系安全带、不戴安全帽、不设置地面围蔽警示装置，夜间施工不穿反光背心、不安装安全警示牌和警示灯等安全隐患，监理人员应协助建设单位加强现场检查，避免发生安全事故。

案例 110 室外工程项目防雷接地的风险管控案例

要点： 室外工程项目的防雷接地质量不仅涉及信息系统中的设备在雷雨环境下的可靠运行，更关乎公众的人身安全。

监理价值： 监理人员了解室外工程项目的设计要求和规范，以及容易发生违规问题的环节和正确处理方法，可协助建设单位及时制止承建单位擅自替换产品、材料、设备的行为，避免发生安全事故。

在某区县道路监控项目监控端的防雷器安装过程中，监理人员发现承建单位施工人员安装的防雷器表面粗糙、标识模糊，经询问了解到，由于前面已安装的防雷器有的不工作，就使用了运维项目中用于设备维修的防雷器，该防雷器没有质量问题。监理人员对此行为进行了制止，要求承建单位必须使用已完成到货验收的产品、设备，保证产品规格的一致性，不得擅自使用替代产品，以保证施工质量。监理人员在项目例会上，对承建单位的行为进行了通报。

《通信局（站）防雷与接地工程验收规范》（GB 51120—2015）第 3.0.3 条指出，通信局（站）防雷与接地工程采用的主要设备及材料应符合下列规定：①设备及材料的型号、规格应符合工程设计要求，当需使用替代材料时，应经建设单位和设计单位同意，并应办理变更手续后使用；②设备及材料进场时应进行检验，并应检验合格后使用；③室外钢材料、紧固件应采用热镀锌制品或不锈钢制品；④镀锌制品的镀锌层应覆盖完整、表面无锈斑。

《通信局（站）防雷与接地工程施工监理暂行规定》（YD 5219—2015）第 5.1.1 条指出：监理人员应对防雷与接地工程所使用材料、构配件、设备的规格、型号、数量进行检查。对未经监理人员检查或检查不合格的工程材料、构配件、设备，专业监理工程师应拒绝签认，并书面通知施工单位限期将不合格的工程材料、构配件、设备撤出现场。不得使用未经检验或鉴定的材料、构配件、设备。

机房和室外工程项目都涉及防雷接地，其中机房项目的防雷接地经常采用将共用的接地极（铜网）与机房所在建筑物等电位连接的方式，依据的标准为《建筑物电子信息系统防雷技术规范》（GB 50343—2012）。

> **案例 111　高空作业的风险管控案例**
>
> **要点**：机房和室外工程项目中的高空作业存在人员坠落伤亡风险，必须严格按照规范施工。
>
> **监理价值**：监理人员了解高空作业规范，可协助建设单位及时发现和修正安全隐患，防止出现违规施工的行为，避免发生安全事故。

在某室外监控项目的施工过程中，承建单位在安装完前端摄像头并进行远程监测时发现有问题，需要对接线情况和设备情况进行复查，由于高空作业车已离开现场，在短时间内回不来，承建单位施工人员为了省事，准备使用梯子在金属杆体上进行检测。由于现场的立杆高度有 6m，采用梯子作业存在较大风险，现场监理人员发现后，立刻制止，要求承建单位必须采用高空作业车进行检测和安装。

《高处作业分级》（GB/T 3608—2008）将高空作业定义为在距坠落高度基准面 2m 或 2m 以上有可能坠落的高处进行的作业。

《建筑施工高处作业安全技术规范》（JGJ 80—2016）第 5.1.3 条规定：同一梯子上不得两人同时作业。在通道处使用梯子作业时，应有专人监护或设置围栏。脚手架操作层上严禁架设梯子作业。第 5.1.4 条规定：便携式梯子宜采用金属材料或木材制作，并应符合现行国家标准《便携式金属梯安全要求》GB 12142 和《便携式木梯安全要求》GB 7059 的规定。第 5.1.5 条规定：使用单梯时梯面应与水平面成 75° 夹角，踏步不得缺失，梯格间距宜为 300mm，不得垫高使用。

高空作业安全事故被称为建筑业的"五大公害"之首，必须高度重视。监理单位可协助建设单位严格按照相关规定开展工作，发现问题及时纠正，决不姑息，以保障人身安全。

> **案例 112　有限空间作业的风险管控案例**
>
> 要点：有限空间作业是风险最高作业之一，必须严格按照规范进行人员岗前培训、现场检测、安全防护设施配备、现场监督，并制定应急预案。
>
> 监理价值：监理人员积累了丰富的经验，了解施工规范，可协助建设单位做好施工前检查、施工过程旁站监督和事后总结，发现问题及时制止、消除隐患，避免发生安全事故。

在某室外工程项目的道路开井布放光缆施工环节，承建单位施工人员试图在没有安全员在场和未对井下环境进行检测的情况下作业。监理人员发现后，立刻制止该施工人员，并通知承建单位项目经理到场，要求先对井下环境进行检测，在确认没有有害气体和易燃易爆的积聚物且氧气指数达标后，才能进行井下作业。同时配备专职安全员在现场监督施工过程，安全员离开现场时必须有替代人员在场，避免发生安全事故。

《有限空间作业安全技术规范》（DB11/T 852—2019）第 5.13 条规定：初始评估检测结果为 3 级环境的，作业者进入时宜携带正压式隔绝式逃生呼吸器。再次评估检测结果为 3 级环境的，作业者进入时应携带正压式隔绝式逃生呼吸器。作业者进入 2 级环境，应佩戴符合 GB 6220、GB/T 16556 规定的正压式隔绝式呼吸防护用品。作业者应佩戴符合 GB 2811 规定的安全帽。作业者应佩戴符合 GB 6095 规定的全身式安全带。作业者进出有限空间过程中宜选择速差自控器配合安全带使用。速差自控器应符合 GB 24544 的规定。当作业者活动区域与有限空间出入口间无障碍物时，作业者应佩戴符合 GB 24543 规定的安全绳。速差自控器、安全绳应固定在有限空间外可靠的挂点上，连接牢固，挂点装置应符合 GB 30862 的规定。应按照 GB/T 11651 的要求，根据不同作业环境，为作业者配备相应的个体防护装备，并满足：易燃易爆环境，应配备防静电服、防静电鞋；涉水作业环境，应配备防水服、防水胶鞋；当有限空间作业场所噪声大于 85dB(A)时，应配备耳塞或耳罩。第 6.1.5 条规定，作业过程中应对作业面进行实时监测，并符合以下要求：评估检测结果为 3 级环境的，应采取个体检测或监护检测；评估检测结果为 2 级环境的，应同时采取个体检测和监护检测；个体检测和监护检测应至少每 15 min 记录 1 个瞬时值。第 6.2 条规定：监护者应在有限空间外全程持续监护。监护者应按照第 6.1.5 条的规定进行监护检测。监护者应能跟踪作业者作业过程，掌握检测数据，适时与作业者进行有效的信息沟通。发现异常时，监护者应立即向作业者发出撤离警报，并协助作业者逃生。监护者应防止未经许可的人员进入作业区域。

在管道工程中的有限空间作业情况较多，监理单位可协助建设单位通过落实安全管理制度、建立严格作业审批制度、抓好安全教育培训和持证上岗检查、制定应急救援预案等，要求承建单位在施工前必须做到"先通风、再检测、后作业"。在有限空间作业中必须配备防中毒、窒息的防护设备，并设置安全警示标识，严禁无防护措施作业，避免发生安全事故。

案例 113　动火作业的风险管控案例

要点：应遵守施工现场动火作业规定，对人员、环境、操作规程等进行监督、检查。

监理价值：监理人员可协助建设单位对施工现场进行检查，要求承建单位落实施工安全责任制度，安排专业人员进行规范作业，并在施工现场准备好应急防火设施，制定应急预案，保障施工人员的安全和建设单位的设备、财产安全。

在某机房项目的实施过程中，监理人员在巡检时发现，施工单位在没有办理动火许可证的情况下进行电焊操作，进一步核查发现施工人员没有焊工证。监理人员立刻制止了施工人员，在征得建设单位同意后，向承建单位发出监理通知单，要求承建单位暂停施工，及时办理动火许可证并安排合格持证人员进行作业。

《建设工程施工现场消防安全技术规范》（GB 50720—2011）指出，施工现场用火应符合下列规定：①动火作业应办理动火许可证；动火许可证的签发人收到动火申请后，应前往现场查验并确认动火作业的防火措施落实后，再签发动火许可证。②动火操作人员应具有相应资格。③焊接、切割、烘烤或加热等动火作业前，应对作业现场的可燃物进行清理；对于作业现场及其附近无法移走的可燃物，应采用不燃材料对其进行覆盖或隔离。④施工作业安排时，宜将动火作业安排在使用可燃建筑材料的施工作业前进行。确需在使用可燃建筑材料的施工作业之后进行动火作业，应采取可靠的防火措施。⑤裸露的可燃性材料上严禁直接进行动火作业。⑥焊接、切割、烘烤或加热等动火作业，配备灭火器材，并设动火监护人进行现场监护，每个动火作业点均应设置一个监护人。⑦五级（含五级）以上风力时，应停止焊接、切割等室外动火作业，否则应采取可靠的挡风措施。⑧动火作业后，应对现场进行检查，确认无火灾危险后，动火操作人员方可离开。⑨具有火灾、爆炸危险的场所严禁明火。⑩施工现场不应采用明火取暖。

监理人员应要求施工单位安排焊工证的人员进行动火作业，并按照规定办理动火许可证；在动火作业前要检查动火环境，排除易燃易爆物品，并准备机房专用灭火器材；在动火作业后要对周边环境进行检查，并做好善后工作。

案例 114　室外工程项目基础设施施工的风险管控案例

要点：室外工程项目基础设施施工，必须符合《公安交通管理外场设备基础设施施工通用要求》（GA/T 652—2017）和《混凝土结构设计规范》（GB 50010—2010）（2015 年版）。

监理价值：监理人员可协助建设单位审查承建单位室外工程项目设计方案的合规性，并实施阶段严格检查杆体和基础浇注成品的检测报告，确保施工质量达标。

在某室外工程项目基础设施施工过程中，监理单位在检查施工单位报验的钢筋混凝土结构成品时发现，混凝土结构没有提供建设单位指定的质检站出具的检测证书，也没有提供由权威检测机构出具的检测报告，违反相关规定，监理人员在征得建设单位同意后，要求施工单位提供经建设单位认可的质检站或检测机构出具的检测报告，否则对已完成的基础浇注成品不予确认。

钢结构、龙门架等大型金属杆体，受基础浇注质量、杆体材料质量的影响大，如果缺少拉伸检测和探伤测试等，将存在安全隐患，监理人员可协助建设单位注重对大型杆体进行检测，要求承建单位提供检测报告，避免发生安全事故。

室外工程基础设施施工应严格遵守《公安交通管理外场设备基础设施施工通用要求》（GA/T 652—2017）、《电气装置安装工程　接地装置施工及验收规范》（GB 50169—2006）、《混凝土结构设计规范》（GB 50010—2010）（2015年版），严格把控材料质量，并对成品质量进行检查。

案例 115　建筑结构设计的风险管控案例

要点：单位面积上的重量超过规定数值时，必须依据规范进行设计和施工，如果不采取加固措施，如将超重设备直接安装在机房防静电地板上，则存在地板塌陷、设备损坏、楼板断裂的风险。

监理价值：监理人员可协助建设单位审核设计方案，根据机房楼板荷载数据，检查承建单位设计方案中设备摆放的合理性，以及针对超重设备的加固措施，避免发生安全事故。

在某机房项目中，承建单位为了提高数据存储能力，计划在机房内安装大容量存储设备，该设备满配达到 1600kg，而现场实际安装面积不足 1m²。监理人员在认真核查后发现，在承建单位提交的设计方案中，将存储设备安装在通用防静电地板上的机柜内，与其他小型设备一样，未针对该存储设备提出特殊安装方案。因此，监理人员在审核意见中明确指出了该设计方案中存在的问题，要求承建单位在深化设计方案中补充关于该存储设备的承重加固方案。

《智能建筑工程施工规范》（GB 50606—2010）规定：承重要求大于 600kg/m² 的设备应单独制作设备基座，不应直接安装在抗静电地板上。

案例 116　恶劣天气施工的风险管控案例

要点：当在高空作业中遭遇大风、雷电和雨雪等恶劣天气时，容易发生安全事故。

监理价值：监理人员了解恶劣天气施工规范，可协助建设单位及时制止承建单位的违规行为，避免发生安全事故。

在某室外工程项目基础设施施工过程中，监理人员了解到第二天将有雷雨大风天气，在及时与建设单位沟通后，通知施工单位第二天不要进行高空作业。监理人员在第二天进行现场例行巡查时发现，施工人员因风力不大，开始搭建高空作业脚手架，准备进行高空作业。监理人员立刻制止了该行为，要求在天气情况稳定时，再进行高空作业。

《智能建筑工程施工规范》（GB 50606—2010）规定：遇有大风或强雷雨天气，不得进行户外高空安装作业。

高空作业本身就存在施工风险，恶劣天气下进行高空作业的风险更大，需要格外重视。目前，很多单位都建立了恶劣天气下禁止室外和高空作业的施工制度。监理人员应强化承建单位安全意识，防止在雨雪、雷电、冰雹、大风等恶劣天气下进行室外作业，尤其是高空作业。

案例 117　机房新风系统设计的风险管控案例

要点：新风系统设计应保证机房内维持正压和洁净度，新风机要有温度预处理和恒温功能，并具备净化空气中的灰尘及细菌的装置。如果设计不符合标准，可能导致有害气体排放，危害人员安全。

监理价值：监理人员可协助建设单位严格审核机房新风系统设计方案，并在施工阶段加强对包括新风系统在内的各专业系统的测试，实现各系统与消防系统的联动。

新风系统设计主要依据《通信局站用智能新风节能系统》（GB/T 28521—2012）、《新风空调设备通用技术条件》（GB/T 37212—2018）等标准。设计中应设置能实现室内外压差保护的余压阀、新风管保温装置（如橡塑保温板）、新风机出口安装防烟防火阀等。新风量通常按空调总送风量的 5% 计算；排气需求量为房间容积与换气次数的乘积。应按照实际需求，设置排风机每小时换气次数（消防排气通常按空间换气5次/小时）；由于主机房、UPS室、电池室、空调室宜采用气体灭火方式，设计中需配置消防排气系统。

监理人员可协助建设单位将机房新风系统设计与灭火装置设置结合。当发现存在有害气体排放的情况时，应及时启动灭火装置，防止发生安全事故。

第8章

项目信息安全和测评风险管理

网络和信息安全已提升至国家战略层面，国产化的深入和信创项目的发展，以及《信息安全技术 网络安全等级保护基本要求》（GB/T 22239—2019）的发布，都将安全实施政务信息化项目的重要性提升至前所未有的高度，《国务院办公厅关于印发国家政务信息化项目建设管理办法的通知》（国办发〔2019〕57 号）对政务信息化项目的信息安全管理提出了更全面的要求。因此，监理人员需要及时了解相关要求，协助建设单位保障项目的信息安全。

案例 118　不满足设备安全指标的风险管控案例

要点： 不满足规定指标的安全专用产品不能在项目中使用。违规使用不合格的设备、产品，不仅会导致系统运行不稳定和存在信息安全隐患，还会影响等保测评和项目验收结果。

监理价值： 监理人员了解网络安全规范和安全专用产品销售许可要求，可协助建设单位避免使用不合格的产品，保障等保测评和项目验收顺利完成。

在某信息化项目的设备选型阶段，承建单位提供的安全专用产品未经过安全认证，无认证证书。监理人员认为，虽然该产品与投标文件中的产品型号一致，但不符合要求。监理人员与建设单位沟通后，要求承建单位用同品牌中经过安全认证的其他型号产品代替该产品，并完成变更手续，避免在安全风险评估和系统运行过程中出现信息安全问题。

《中华人民共和国网络安全法》第二十三条规定：网络关键设备和网络安

全专用产品应当按照相关国家标准的强制性要求，由具备资格的机构安全认证合格或者安全检测符合要求后，方可销售或者提供。国家网信部门会同国务院有关部门制定、公布网络关键设备和网络安全专用产品目录，并推动安全认证和安全检测结果互认，避免重复认证、检测。

《智能建筑工程施工规范》（GB 50606—2010）规定：系统安全专用产品必须具有公安部计算机管理监察部门审批颁发的计算机信息系统安全专用产品销售许可证。

案例 119　不组织安全方案评审的风险管控案例

要求：项目相关方需要依据《信息安全技术　网络安全等级保护基本要求》（GB/T 22239—2019）进行项目整体规划和安全方案设计，并在其通过评审后实施。

监理价值：监理人员了解相关要求，可协助建设单位组织相关安全专家对安全方案的合理性、正确性进行评审，并根据安全方案先批准后实施的原则，对实施过程进行跟踪。

在某信息化项目的深化设计阶段，监理人员在审核安全方案时发现，方案中引用的是旧版标准，未覆盖云计算等内容，监理人员要求承建单位对方案进行整改，并建议建设单位组织安全方案评审，确保安全方案符合相关要求。

《信息安全技术　网络安全等级保护基本要求》（GB/T 22239—2019）"8.1.9.2 安全方案设计"要求包括：①应根据安全保护等级选择基本安全措施，依据风险分析的结果补充和调整安全措施；②应根据保护对象的安全保护等级及与其他级别保护对象的关系进行安全整体规划和安全方案设计，设计内容应包含密码技术相关内容，并形成配套文件；③应组织相关部门和有关安全专家对安全整体规划及其配套文件的合理性和正确性进行论证和审定，经过批准后才能正式实施。

监理人员可协助建设单位同步规划、同步实施网络安全建设与项目建设，使项目建设安全可靠。

案例 120　等保测评机构选择的风险管控案例

要点：等保测评机构是独立的第三方机构，必须选择经过认证的等保测评机构，保障等保测评顺利完成。

监理价值：监理人员了解等保测评机构的资质要求及测评流程，可协助建设单位确定采购方式，并监督项目中使用的安全设备的到货验收过程，拒绝使用不具备系统安全专用产品销售许可证的产品。

在某信息化项目的实施过程中，建设单位就等保测评机构选择问题咨询监理人员，监理人员指出，应选择经过认证的等保测评机构。另外，由于项目投资概算包括安全风险评估费用，建议安全风险评估和等保测评工作由一家机构承担，以缓解费用紧张的问题。建设单位采纳了监理人员的建议。

《中华人民共和国密码法》第二十六条规定：涉及国家安全、国计民生、社会公共利益的商用密码产品，应当依法列入网络关键设备和网络安全专用

产品目录，由具备资格的机构检测认证合格后，方可销售或者提供。商用密码产品检测认证适用《中华人民共和国网络安全法》的有关规定，避免重复检测认证。商用密码服务使用网络关键设备和网络安全专用产品的，应当经商用密码认证机构对该商用密码服务认证合格。

在项目实施过程中，监理人员可协助建设单位复核等保测评机构的资质，以保障等保测评质量和系统安全。

> **案例 121　等保测评的风险管控案例**
>
> **要点：** 等保测评要求十分复杂，任何被判定为高风险的内容都会导致等保测评不通过。
>
> **监理价值：** 监理人员了解等保测评要求及高风险内容判定原则，在项目实施过程中，可协助建设单位对各单项系统中可能存在高风险的内容提前进行处理。

在某信息化项目的实施后期，在等保测评中发现存在两个高风险项，需要对项目进行整改。在项目整改过程中，建设单位希望同步开展项目验收工作。监理人员指出，由于尚未获得等保测评报告，验收专家不会出具验收通过意见，建议要求承建单位尽快配合完成整改工作。

《信息安全技术　网络安全等级保护基本要求》（GB/T 22239—2019）除了调整各个级别的安全要求为安全通用要求、云计算安全扩展要求、移动互联安全扩展要求、物联网安全扩展要求和工业控制系统安全扩展要求，还对网络设备、安全设备、主机安全及应用系统等的要求进行了更新，注重对高风险内容的检测和判定。例如，要求应用系统进行双因素认证，对涉及核心业务的系统，在进行重要操作前应采用两种或两种以上方式进行身份鉴别，只采用一种验证方式进行鉴别，可被判定为高风险项，而存在高风险项的系统不能通过等保测评。

在项目整体方案设计环节，监理人员可通过向建设单位提供咨询服务，事先征求行业专家、测评机构的意见，并做好尽早引入测评机构的准备（包括确定资金和采购方式），避免等保测评结果影响项目整体验收。

> **案例 122　项目不通过竣工验收的风险管控案例**
>
> 要点：信息化项目必须进行等保测评或安全风险评估，测评报告是项目竣工验收的重要内容。
>
> 监理价值：监理人员了解等保测评等相关要求，可协助建设单位监督等保测评工作，并配合准备资料和完成资料检查。

在某信息化项目的实施后期，由监理单位提供验收式监理服务，希望在 2 个月内完成项目竣工验收工作。监理人员进场后发现项目未开展等保测评工作且没有列支专项经费，同时部分单项文件有缺失。监理人员向建设单位提出，短期内不具备项目竣工验收条件，并提议建设单位考虑动用项目预备费，尽快采购等保测评机构并完成等保测评工作，同时督促承建单位补充相关资料。建设单位采纳了监理单位的建议，获批后使用项目预备费采购等保测评机构，积极推进项目验收工作。

《国务院办公厅关于印发国家政务信息化项目建设管理办法的通知》（国办发〔2019〕57 号）第二十五条规定：国家政务信息化项目建成后半年内，项目建设单位应当按照国家有关规定申请审批部门组织验收，提交验收申请报告时应当一并附上项目建设总结、财务报告、审计报告、安全风险评估报告（包括涉密信息系统安全保密测评报告或者非涉密信息系统网络安全等级保护测评报告等）、密码应用安全性评估报告等材料。项目建设单位不能按期申请验收的，应当向项目审批部门提出延期验收申请。项目审批部门应当及时组织验收。验收完成后，项目建设单位应当将验收报告等材料报项目审批部门备案。

如果不组织等保测评和安全风险评估工作或等保测评和安全风险评估不通过，建设单位将无法开展项目验收工作。

案例 123 不能申请项目运行维护经费的风险管控案例

要点：对于未按要求共享数据资源或者重复采集数据的政务信息系统，不安排运行维护经费，项目建设单位不得新建、改建、扩建政务信息系统。

监理价值：监理人员了解相关要求，能够及时发现项目建设过程存在的安全问题。

某信息化项目的实施进度与计划偏离较多，事先与电信运营商确定的网络租用时间即将到期，建设单位希望尽快开展项目验收工作，但由于缺少等保测评和安全风险评估报告，不具备项目竣工验收条件，无法采取竣工验收后申请运维费的方式。监理人员建议建设单位征求项目主管部门的意见，先行使用项目建设管理费。建设单位采纳了监理人员的建议，并协调落实项目运维费。

《国务院办公厅关于印发国家政务信息化项目建设管理办法的通知》（国办发〔2019〕57号）第二十八条规定：加强国家政务信息化项目建设投资和

运行维护经费协同联动，坚持"联网通办是原则，孤网是例外"。部门已建的政务信息化项目需升级改造，或者拟新建政务信息化项目，能够按要求进行信息共享的，由国家发展改革委会同有关部门进行审核；如果部门认为根据有关法律法规和党中央、国务院要求不能进行信息共享，但是确有必要建设或者保留的，由国家发展改革委报国务院，由国务院办公厅会同有关部门进行审核，经国务院批准后方可建设或者保留。对于未按要求共享数据资源或者重复采集数据的政务信息系统，不安排运行维护经费，项目建设单位不得新建、改建、扩建政务信息系统。对于未纳入国家政务信息系统总目录的系统，不安排运行维护经费。对于不符合密码应用和网络安全要求，或者存在重大安全隐患的政务信息系统，不安排运行维护经费，项目建设单位不得新建、改建、扩建政务信息系统。

监理人员可协助建设单位重视和加强系统安全建设，注重安全风险评估、等保测评和密码应用安全性评估工作，及时消除安全隐患，保障系统安全可靠运行。

第 9 章

信创项目实施风险管控

信创项目已成为信息化建设的重点，项目的批复、监督、验收，以及实施过程依据的规范、标准与非涉密项目存在较大差异，但管理流程和监理手段等服务内容又与非涉密项目相似。监理单位可以协助建设单位顺利完成信创项目的实施工作。

案例 124　涉密项目定密备案的风险管控案例

要点： 不按规定履行备案程序会导致项目无法通过分保测评。

监理价值： 监理人员熟悉《中华人民共和国保守国家秘密法实施条例》和《中华人民共和国计算机信息系统安全保护条例》的相关规定，可以协助建设单位完成涉密项目定密备案工作，并配合完成后续分保测评工作。

对于某信创综合集成类项目，监理人员在查阅项目初步设计文件时发现，立项申报文件虽然通过了实施预算评审，但缺少定密备案及相关批复文件。监理人员提出，在这种情况下，后续项目分保设计和分保测评缺乏参照文件，由于分保测评属于一票否决项，建设单位应尽快进行定密备案。

《中华人民共和国保守国家秘密法实施条例》第十九条规定：机关、单位对符合保密法的规定，但保密事项范围没有规定的不明确事项，应当先行拟定密级、保密期限和知悉范围，采取相应的保密措施，并自拟定之日起 10 日内报有关部门确定。拟定为绝密级的事项和中央国家机关拟定的机密级、秘密级的事项，报国家保密行政管理部门确定；其他机关、单位拟定的机密级、秘密级的事项，报省、自治区、直辖市保密行政管理部门确定。保密行政管理部门接到报告后，应当在 10 日内作出决定。省、自治区、直辖市保密行政管理部门还应当将所作决定及时报国家保密行政管理部门备案。

案例 125　信创项目变更的风险管控案例

要点：信创项目变更程序与非涉密项目相似，但所选设备、产品必须是目录限定的，否则建设单位将面临违规变更的风险。

监理价值：监理人员可以协助建设单位及时了解主管部门的目录更新动态和政策要求，在项目变更、涉密项目档案整理、项目验收等环节提供咨询服务。

某信创综合集成类项目完成了项目总集成招标，当承建单位准备采购设备时，遇到信创目录更新和供货商产能不足的情况，需要进行调整。监理人员协助建设单位组织了三方专题会，根据最新的产品名录，对调整设备和产品参照名录进行审核，确定调整的产品技术参数高于原方案中的产品技术参数，最终讨论和确定了变更方案，并要求承建单位提供对变更必要性和原因的说明。

案例 126　"三员"设置不规范的风险管控案例

要点：涉密信息系统应配备"三员"，否则系统建设完成后不能开展分保测评工作，系统无法正式上线运行，即使运行也无法保障系统安全，存在敏感信息泄露的风险。

监理价值：监理人员了解信息系统分级保护管理规范和测评流程，可以在涉密信息系统建设过程中协助建设单位同步建立健全相关保密管理制度，明确相关管理机构和人员的责任。

对于某信创项目，监理人员在对涉密信息系统进行安全设计调研时发现，建设单位已成立相关保密机构，但没有为后续新建的涉密信息系统配备系统管理员、安全保密管理员和安全审计员（统称"三员"）。监理人员建议建设单位尽快协调落实"三员"事宜，保障项目分保测评和验收顺利完成。

第10章

项目违反合规要求的风险管控

项目合规性案例所列举的场景，并非都会出现政策、管理和技术性风险，应认识到问题发生的可能性，提前防范和进行跟踪。监理人员应做到事前做出预防性提醒和化解，事中提出解决方案建议和引入专业机构，事后尽早采取补救措施，避免"心存侥幸"而铸成大错。

10.1　项目采购的风险管控案例

案例127　不按规定进行公开招标的风险

案例1风险要点：如果建设单位未按规定进行招标，即使完成确认评标程序，甚至已和中标单位签订了合同，也会被责令重新组织招标，相关责任人员可能受到处罚。

《中华人民共和国招标投标法》第四十九条规定：违反本法规定，必须进行招标的项目而不招标的，将必须进行招标的项目化整为零或者以其他任何方式规避招标的，责令限期改正，可以处项目合同金额千分之五以上千分之十以下的罚款；对全部或者部分使用国有资金的项目，可以暂停项目执行或者暂停资金拨付；对单位直接负责的主管人员和其他直接责任人员依法给予处分。

《中华人民共和国政府采购法》第七十一条规定，采购人、采购代理机构有下列情形之一的，责令限期改正，给予警告，可以并处罚款，对直接负责的主管人员和其他直接责任人员，由其行政主管部门或者有关机关给予处分，并予通报：①应当采用公开招标方式而擅自采用其他方式采购的；②擅自提高采购标准的；③以不合理的条件对供应商实行差别待遇或者歧视待遇的；④在招标采购过程中与投标人进行协商谈判的；⑤中标、成交通知书发出后不与中标、成交供应商签订采购合同的；⑥拒绝有关部门依法实施监督检查的。

监理人员应协助建设单位严格审核招标文件，并根据项目批复要求和项目实际情况，为建设单位选择合适的采购方式提出建议。

案例 128　采购不合规的风险

案例 2 和案例 4 风险要点：对于未列入集中采购目录的项目，建设单位可自行组织采购，包括采用竞争性磋商采购方式进行采购，但不能出现规避公开招标、集中采购等情况，否则建设单位将承担违规采购责任。

《中华人民共和国政府采购法实施条例》第四条规定：政府采购法所称集中采购，是指采购人将列入集中采购目录的项目委托集中采购机构代理采购或者进行部门集中采购的行为；所称分散采购，是指采购人将采购限额标准以上的未列入集中采购目录的项目自行采购或者委托采购代理机构代理采购的行为。

《中华人民共和国政府采购法》第七十一条规定，采购人、采购代理机构有下列情形之一的，责令限期改正，给予警告，可以并处罚款，对直接负责的主管人员和其他直接责任人员，由其行政主管部门或者有关机关给予处分，并予通报：①应当采用公开招标方式而擅自采用其他方式采购的；②擅自提高采购标准的；③以不合理的条件对供应商实行差别待遇或者歧视待遇的；④在招标采购过程中与投标人进行协商谈判的；⑤中标、成交通知书发出后不与中标、成交供应商签订采购合同的；⑥拒绝有关部门依法实施监督检查的。

在建设单位选择采购方式后，监理人员应协助建设单位严格按相关要求实施，避免出现违规招标或选择不适合的采购方式的情况。

> **案例 129 误用单一来源采购方式的风险**
>
> *案例 3 风险要点：采用单一来源采购方式需要满足特定条件。*

《中华人民共和国政府采购法实施条例》第六十八条规定，采购人、采购代理机构有下列情形之一的，依照《中华人民共和国政府采购法》第七十一条、第七十八条的规定追究法律责任：①未依照政府采购法和本条例规定的方式实施采购；②未依法在指定的媒体上发布政府采购项目信息；③未按照规定执行政府采购政策；④违反本条例第十五条的规定导致无法组织对供应商履约情况进行验收或者国家财产遭受损失；⑤未依法从政府采购评审专家库中抽取评审专家；⑥非法干预采购评审活动；⑦采用综合评分法时评审标准中的分值设置未与评审因素的量化指标相对应；⑧对供应商的询问、质疑逾期未作处理；⑨通过对样品进行检测、对供应商进行考察等方式改变评审结果；⑩未按照规定组织对供应商履约情况进行验收。

监理人员应提醒建设单位，避免误用单一来源采购方式。排斥其他供应商会导致建设单位承担违规采购责任。

10.2 项目分包的风险管控案例

> **案例 130 不按要求进行分包的风险**
>
> *案例 5 和案例 7 风险要点：在项目实施过程中，如果出现未按要求进行分包的情况，合同将终止，相关承建单位将受到经济处罚，建设单位被追究管理责任并面临项目进度延误的风险。*

《中华人民共和国招标投标法》第五十八条规定：中标人将中标项目转让给他人的，将中标项目肢解后分别转让给他人的，违反本法规定将中标项目的部分主体、关键性工作分包给他人的，或者分包人再次分包的，转让、分包无效，处转让、分包项目金额千分之五以上千分之十以下的罚款；有违法所得的，并处没收违法所得；可以责令停业整顿；情节严重的，由工商行政管理机关吊销营业执照。第六十三条规定：对招标投标活动依法负有行政监督职责的国家机关工作人员徇私舞弊、滥用职权或者玩忽职守，构成犯罪的，依法追究刑事责任；不构成犯罪的，依法给予行政处分。

投标人潜在的分包行为在投标文件中一般难以察觉，机房项目中的分包情况较多。在项目实施过程中，监理人员应协助建设单位，通过检查承建单位的人员构成、资质和测试管理流程等，发现分包迹象，包括"借壳"分包、对核心建设内容进行分包等情况。

案例 131　接受联合体投标的风险

案例 6 风险要点：将联合体投标作为实施项目分包和排斥其他投标人的手段是违规的，如果不符合条件将导致废标，建设单位也会被追究相应的责任。

《中华人民共和国招标投标法》第三十一条规定：两个以上法人或者其他组织可以组成一个联合体，以一个投标人的身份共同投标。联合体各方均应当具备承担招标项目的相应能力；国家有关规定或者招标文件对投标人资格条件有规定的，联合体各方均应当具备规定的相应资格条件。由同一专业的单位组成的联合体，按照资质等级较低的单位确定资质等级。联合体各方应当签订共同投标协议，明确约定各方拟承担的工作和责任，并将共同投标协议连同投标文件一并提交招标人。联合体中标的，联合体各方应当共同与招标人签订合同，就中标项目向招标人承担连带责任。招标人不得强制投标人组成联合体共同投标，不得限制投标人之间的竞争。第三十二条规定：投标人不得相互串通投标报价，不得排挤其他投标人的公平竞争，损害招标人或者其他投标人的合法权益。投标人不得与招标人串通投标，损害国家利益、社会公共利益或者他人的合法权益。禁止投标人以向招标人或者评标委员会成员行贿的手段谋取中标。

《中华人民共和国招标投标法》和《中华人民共和国政府采购法》都允许实施联合体投标，监理人员可协助建设单位，防止在联合体投标中出现弄虚作假、排挤竞争对手等行为，加强对项目质量、进度的监管。由于机房项目的专业构成复杂，存在较多联合体投标情况，一些质量问题到项目实施后期才能被发现。监理人员需要着重检查承建单位将核心内容分包或分包单位没有资质的情况。如果在项目竣工前查出分包问题，有关部门将终止分包合同并重新采购有资质的单位进行施工；如果在项目实施后期由审计机构发现问题，则建设单位的项目资金可能被收回。

10.3　项目招标的风险管控案例

案例 132　存在技术指标倾向和品牌倾向的风险

案例 8 和案例 9 风险要点：如果在建设单位公示的项目招标文件中存在技术指标倾向和品牌倾向，轻则导致重新组织招标，重则需要承担法律责任（如涉及串标和排斥其他投标人的行为）。

《中华人民共和国招标投标法》第五十一条规定：招标人以不合理的条件限制或者排斥潜在投标人的，对潜在投标人实行歧视待遇的，强制要求投标人组成联合体共同投标的，或者限制投标人之间竞争的，责令改正，可以处一万元以上五万元以下的罚款。

《中华人民共和国政府采购法实施条例》第六十一条规定：采购人发现采购代理机构有违法行为的，应当要求其改正。采购代理机构拒不改正的，采购人应当向本级人民政府财政部门报告，财政部门应当依法处理。采购代理机构发现采购人的采购需求存在以不合理条件对供应商实行差别待遇、歧视待遇或者其他不符合法律、法规和政府采购政策规定内容，或者发现采购人有其他违法行为的，应当建议其改正。采购人拒不改正的，采购代理机构应当向采购人的本级人民政府财政部门报告，财政部门应当依法处理。

无论是重新组织招标，还是有关部门追究相关人员的法律责任，都会影响项目进度。监理人员应严格审核招标文件，避免存在技术指标倾向和品牌倾向。

案例 133　存在特定区域和行业业绩倾向的风险

案例 10 风险要点：与存在技术指标倾向和品牌倾向类似，在项目招标文件中存在特定区域和行业业绩倾向也具有较大的风险。

与存在技术指标倾向和品牌倾向类似，存在区域倾向同样不符合《中华人民共和国招标投标法》第五十一条和《中华人民共和国政府采购法实施条例》第六十一条的相关规定。但两者的区别在于，存在技术指标倾向和品牌倾向往往是由建设单位前期已建项目采购了相同规格的设备或相同品牌的产品，为保持规格和运维保障的一致性而导致的；区域倾向则属于地方保护行为，区域内投标单位的资质和综合能力可能不高，不利于保障项目建设水平。

项目招标环节的区域倾向有多种表现形式，包括强调投标人设立本地服务机构、本地办公场所面积等。监理人员应严格审核招标文件。

案例 134　将资质作为招标门槛的风险

案例 11 风险要点：除信创项目等特定项目要求投标人必须具备保密资质之外，在常规项目招标环节中，将资质作为门槛而引起相关投标人投诉并导致废标的情况时有发生，目前已较少出现将资质作为招标门槛的情况。

《中华人民共和国政府采购法实施条例》第二十条规定，采购人或者采购代理机构有下列情形之一的，属于以不合理的条件对供应商实行差别待遇或者歧视待遇：①就同一采购项目向供应商提供有差别的项目信息；②设定的资格、技术、商务条件与采购项目的具体特点和实际需要不相适应或者与合同履行无关；③采购需求中的技术、服务等要求指向特定供应商、特定产品；④以特定行政区域或者特定行业的业绩、奖项作为加分条件或者中标、成交条件；⑤对供应商采取不同的资格审查或者评审标准；⑥限定或者指定特定的专利、商标、品牌或者供应商；⑦非法限定供应商的所有制形式、组织形式或者所在地；⑧以其他不合理条件限制或者排斥潜在供应商。

> **案例 135　采购数量不确定的风险**
>
> 案例 12 风险要点：设备或产品采购数量不确定会使合同金额与中标金额不一致，从而导致废标，建设单位需要承担相应的责任。

《中华人民共和国政府采购法实施条例》第六十七条规定，采购人有下列情形之一的，由财政部门责令限期改正，给予警告，对直接负责的主管人员和其他直接责任人员依法给予处分，并予以通报：①未按照规定编制政府采购实施计划或者未按照规定将政府采购实施计划报本级人民政府财政部门备案；②将应当进行公开招标的项目化整为零或者以其他任何方式规避公开招标；③未按照规定在评标委员会、竞争性谈判小组或者询价小组推荐的中标或者成交候选人中确定中标或者成交供应商；④未按照采购文件确定的事项签订政府采购合同；⑤政府采购合同履行中追加与合同标的相同的货物、工程或者服务的采购金额超过原合同采购金额 10%；⑥擅自变更、中止或者终止政府采购合同；⑦未按照规定公告政府采购合同；⑧未按照规定时间将政府采购合同副本报本级人民政府财政部门和有关部门备案。

在招标前，如果建设单位不能确定实施节点数量和项目资金，招标文件中会存在设备数量暂定的情况，但招标文件中应明确不确定设备的数量和对应资金的比例，避免出现采购金额超过原合同采购金额 10% 的情况。可以采用采购入围、费率报价（常用于服务类标段）、总体框架协议、统招分签、暂估价等方法解决采购数量不确定的问题。监理人员应根据项目特点，向建设单位提出合理建议。

10.4　合同签订的风险管控案例

案例 136　合同签订超期的风险

案例 13 风险要点: 建设单位与中标单位应尽快签订合同,在合同中约定采购数量、质量、价款或报酬、履行期限及地点和方式、验收要求、违约责任、解决争议的方法等内容。如果不及时签订合同,则无法对承建单位的合同履行情况进行约束,特别是进入实施环节后,如果出现违约情况,建设单位缺少对承建单位进行处罚的依据,且无法保障项目进度。

《政府采购货物和服务招标投标管理办法》第七十一条规定:采购人应当自中标通知书发出之日起 30 日内,按照招标文件和中标人投标文件的规定,与中标人签订书面合同。所签订的合同不得对招标文件确定的事项和中标人投标文件作实质性修改。采购人不得向中标人提出任何不合理的要求作为签订合同的条件。

在实际项目中,合同签订超期的情况较为普遍。如果在项目实施过程中出现进度滞后等承建单位违约情况,建设单位可能因自中标通知书发出之日起 30 日内未与中标人签订书面合同而面临"违约在先"的质疑。监理人员应及时完成合同审核,并提醒建设单位尽快与承建单位签订合同。

案例 137　合同金额与中标金额不一致的风险

案例 14 风险要点: 合同金额与中标金额的一致性,是审计机构关注的重要内容之一,如果缺少必要的手续文件,建设单位将被追究相应的责任。

《中华人民共和国招标投标法实施条例》第七十五条规定:招标人和中标人不按照招标文件和中标人的投标文件订立合同,合同的主要条款与招标文件、中标人的投标文件的内容不一致,或者招标人、中标人订立背离合同实质性内容的协议的，由有关行政监督部门责令改正，可以处中标项目金额 5‰ 以上 10‰ 以下的罚款。

监理人员应协助建设单位把控项目批复文件、招标文件、投标文件、合同在资金层面的一致性，避免违规使用项目资金。

案例 138　中标单位拒签合同的风险

案例 15 风险要点：无法正常签订合同，对合同双方都会产生较大影响，如果涉及违规行为，责任方将受到经济处罚等。

《中华人民共和国政府采购法实施条例》第四十九条规定：中标或者成交供应商拒绝与采购人签订合同的，采购人可以按照评审报告推荐的中标或者成交候选人名单排序，确定下一候选人为中标或者成交供应商，也可以重新开展政府采购活动。第七十七条规定：财政部门在履行政府采购监督管理职责中违反政府采购法和本条例规定，滥用职权、玩忽职守、徇私舞弊的，对直接负责的主管人员和其他直接责任人员依法给予处分；直接负责的主管人员和其他直接责任人员构成犯罪的，依法追究刑事责任。

《中华人民共和国政府采购法》第七十一条规定，采购人、采购代理机构有下列情形之一的，责令限期改正，给予警告，可以并处罚款，对直接负责的主管人员和其他直接责任人员，由其行政主管部门或者有关机关给予处分，并予通报：①应当采用公开招标方式而擅自采用其他方式采购的；②擅自提高采购标准的；③以不合理的条件对供应商实行差别待遇或者歧视待遇的；④在招标采购过程中与投标人进行协商谈判的；⑤中标、成交通知书发出后不与中标、成交供应商签订采购合同的；⑥拒绝有关部门依法实施监督检查的。

监理人员应协助建设单位正确判断和处理无法正常签订合同的问题，保障项目进度。

案例 139　合同洽商资料缺失的风险

案例 16 风险要点：合同洽商资料是项目建设单位、监理单位履行管理职责的证据，严重缺失将导致相关单位被追究管理缺位的责任。

《基本建设财务规则》（中华人民共和国财政部令第 81 号）第三十条规定：项目主管部门应当会同财政部门加强工程价款结算的监督，重点审查工程招投标文件、工程量及各项费用的计取、合同协议、施工变更签证、人工和材料价差、工程索赔等。第五十九条规定：对于违反本规则的基本建设财务行为，依照《预算法》、《财政违法行为处罚处分条例》等有关规定追究责任。

项目手续文件的完整性是验收专家关注的重点。在合同签订阶段，监理人员参与合同洽商过程并形成备忘文件，可以避免出现合同金额、设备数量与招标要求不一致的情况，形成证据链闭环，保障项目手续文件的完整性。

10.5　项目实施预备的风险管控案例

案例 140　项目开工令缺失的风险

案例 17 风险要点：项目开工令既是承建单位履行合同的依据，也是建设单位进行档案管理的重要成果，是审计机构关注的重点，开工令缺失虽然不会被追究法律责任，但会影响项目管理的规范性。

监理人员应依据 GB/T 19668 的要求，严格按照程序实施。

案例 141　软件项目和大型信息化项目开工令缺失的风险

案例 18 和案例 19 风险要点：对于各类信息化项目，监理单位都应按照合同规定签发开工令。软件项目开工令缺失，不利于建设单位进行进度管理和违约责任判定。

监理人员可以通过签发开工令、约定开发期限及违约处罚条款、制定项目管理制度等，协助建设单位有效管理项目质量和进度，在保障项目合规性的同时，最大限度地保护建设单位的权益。

案例 142　后补开工令的风险

案例 20 风险要点：项目开工令是重要的手续文件，虽然后补开工令属于管理有失规范的情况，但也是防范资金风险和保护建设单位权益的必要行为。

开工令既是 GB/T 19668 的要求，也是国家电子政务工程建设项目文件归档范围和保管期限表中明确的内容，缺失可能导致项目验收无法通过。

在一些项目中，由于没有及时引入监理单位，存在开工令、方案审核意见等关键文件缺失的问题，需要对相关文件进行补充。监理人员需要向建设单位说明，从档案时效性的角度来看，开工令、支付证书等重要文件以承建单位提交相关申请文件为前提，而建设单位引入监理单位有明确的时间节点。因此，引入监理单位之前的开工、支付等手续，不适合采用常规流程和文件格式，而是要通过梳理前期已经完成的流程和批复结果，对各标段开工节点、合同支付金额及支付条件进行复核，以监理意见的方式提交确认结果，以保障项目关键文件的时效性和完整性。

10.6　软件项目评审的风险案例

案例 143　确认复杂软件设计方案的风险

案例 21 风险要点：建设单位应在项目招标环节组织专家进行评审，但对邀请专家进行项目方案评审没有硬性要求。在项目验收环节，验收专家会根据项目批复的建设内容和建设目标，对技术和效果进行考察。对于技术较复杂的项目，如果缺少专家的协助，可能会遇到很多困难。

《信息技术服务　监理　第 1 部分：总则》（GB/T 19668.1—2014）指出：必要时，监理机构应协助业主单位组织专业人员评审工程设计方案。

然而，是否邀请专家进行评审，需要由监理单位和建设单位根据项目的复杂程度和系统集成要求确定。监理人员还可以协助建设单位，通过收集会议议程、签到表、评审意见等，保障过程文件的完整性。

案例 144　软件设计方案评审意见缺少专家签字的风险

案例 22 风险要点：专家不签字的原因一般是设计方案可能有较大质量问题或关键指标无法实现，专家认为风险较大。

《国家电子政务工程建设项目档案管理暂行办法》第十四条指出：电子政务项目实施机构归档的纸质文件应为原件或正本，且签章手续完备。同时应注重对电子文件、照片、录像等各种类型、载体文件材料的收集、归档。电子文件的归档范围参照纸质文件归档范围。

与项目评标不同，无法明确要求专家参与项目设计方案评审的职责，无法勉强专家签字。如果强行按照未经专家确认的方案实施，一旦出现问题，建设单位将被追究项目资金管理和质量管理责任。

监理人员在认真审核设计方案的基础上，能够针对方案中存在的问题，协调建设单位事先征求行业专家的意见，并组织承建单位完善设计方案。不要仓促组织专家评审会；在评审完成后应严格按照专家意见进行整改，不能带着问题实施。

案例 145　不进行软件概要设计和详细设计评审的风险

案例 23 风险要点：从监理单位协助建设单位管理项目程序的角度来看，对软件进行概要设计评审，可以保障项目建设目标、关键技术等与批复内容一致，避免出现项目管理程序缺失的问题。

《信息技术服务　监理　第 5 部分：软件工程监理规范》（GB/T 19668.5—2018）"6.2.2.2 需求分析的监理"指出：监理机构应要求承建单位提交需求分

析过程的详细计划，审查后报业主单位；监理机构应要求承建单位提交系统需求文档，需求文档应符合相关标准要求；监理机构应参与对系统需求的联合评审，形成需求确认表。"6.2.2.3 概要（结构）设计的监理"指出：监理机构应协助业主单位以审核、确认、联合评审等方式对系统概要（结构）设计进行评价。"6.2.2.4 详细设计的监理"指出：监理机构应检查承建单位编制的接口的详细设计和数据库的详细设计。

实践表明，详细设计往往是建设单位尤其是使用部门关注的重点。因此，应对软件概要设计和详细设计进行评审。为提高评审效率和保障项目进度，可在一次专家评审会中完成对软件概要设计和详细设计的评审，但要分别出具评审意见。

案例 146　不单独组织数据库设计评审的风险

案例 24 风险要点：数据库设计评审不是必要环节，但数据库在软件中至关重要，设计质量直接影响使用效果和验收专家的评价。

目前，项目审批和监督部门越来越注重信息化项目建设效果评价。在实践中，建设单位一般会同时进行数据库设计评审和详细设计评审。监理人员可协助建设单位加强对数据库设计评审的监督，提高软件的易用性和可扩展性。

10.7　机房和集成类项目设计和施工的风险案例

案例 147　机房项目未按照强制性国家标准进行设计的风险

案例 26 风险要点：机房项目属于建设工程，需要同时符合建设工程和信息系统工程的相关标准。

《建设工程质量管理条例》第十九条指出：勘察、设计单位必须按照工程建设强制性标准进行勘察、设计，并对其勘察、设计的质量负责。注册建筑师、注册结构工程师等注册执业人员应当在设计文件上签字，对设计文件负责。第六十三条指出，违反本条例规定，有下列行为之一的，责令改正，处 10 万元以上 30 万元以下的罚款：①勘察单位未按照工程建设强制性标准进行勘察的；②设计单位未根据勘察成果文件进行工程设计的；③设计单位指定建筑材料、建筑构配件的生产厂、供应商的；④设计单位未按照工程建设强制性标准进行设计的。有前款所列行为，造成工程质量事故的，责令停业整顿，降低资质等级；情节严重的，吊销资质证书；造成损失的，依法承担赔偿责任。第七十九条指出：本条例规定的罚款和没收的违法所得，必须全部上缴国库。

监理人员可协助建设单位，对设计方案依据的标准进行检查，并协调建设单位组织对项目深化设计方案的评审，确保设计方案符合强制性国家标准。

案例 148　机房项目中消防设计不符合消防新要求的风险

案例 27 风险要点：机房项目中消防设计不符合消防新要求，不仅会导致验收不通过，需要重新设计和施工，还会使承建单位受到经济处罚。

《中华人民共和国消防法》第九条指出：建设工程的消防设计、施工必须符合国家工程建设消防技术标准。建设、设计、施工、工程监理等单位依法对建设工程的消防设计、施工质量负责。第十条指出：对按照国家工程建设消防技术标准需要进行消防设计的建设工程，实行建设工程消防设计审查验收制度。第五十八条指出，违反本法规定，有下列行为之一的，由住房和城乡建设主管部门、消防救援机构按照各自职权责令停止施工、停止使用或者停产停业，并处三万元以上三十万元以下罚款：①依法应当进行消防设计审查的建设工程，未经依法审查或者审查不合格，擅自施工的；②依法应当进行消防验收的建设工程，未经消防验收或者消防验收不合格，擅自投入使用的；③本法第十三条规定的其他建设工程验收后经依法抽查不合格，不停止使用的；④公众聚集场所未经消防救援机构许可，擅自投入使用、营业的，或者经核查发现场所使用、营业情况与承诺内容不符的。核查发现公众聚集场所使用、营业情况与承诺内容不符，经责令限期改正，逾期不整改或者整改后仍达不到要求的，依法撤销相应许可。建设单位未依照本法规定在验收后报住房和城乡建设主管部门备案的，由住房和城乡建设主管部门责令改正，处五千元以下罚款。

机房火灾具有散热难、烟气量大、火灾损失大、补救难度大等特点，在火灾的发生与扑灭过程中，往往需要断电，会造成较大影响和损失。因此，监理单位和建设单位要高度重视机房项目中的消防设计和联动机制。

案例 149　密码应用不合规的风险

案例 28 风险要点：密码应用已从涉密项目延伸至非涉密项目，密码应用安全性评估已成为与安全风险评估、等保测评并立的评估项。

《中华人民共和国密码法》第三十六条指出：违反本法第二十六条规定，销售或者提供未经检测认证或者检测认证不合格的商用密码产品，或者提供未经认证或者认证不合格的商用密码服务的，由市场监督管理部门会同密码管理部门责令改正或者停止违法行为，给予警告，没收违法产品和违法所得；违法所得十万元以上的，可以并处违法所得一倍以上三倍以下罚款；没有违法所得或者违法所得不足十万元的，可以并处三万元以上十万元以下罚款。

监理人员和建设单位应要求承建单位必须使用经过国家权威机构检测的安全产品，保障项目的安全性和密码应用的合规性。

案例 150　设备配置与招标文件不一致的风险

案例 29 风险要点：在招标前进行设备配置调整，必须符合相关要求，通过项目整体概算调整完成，调整方案需要通过建设单位内部审批并提交备案。合同中的设备配置和品牌调整，必须在有充分理由和依据的情况下，严格按流程进行变更和实施。

在项目建设过程中，时常出现设备规格和配置调整，如招标和前期概算相对初步设计方案的调整、合同相对招标文件的调整、深化设计方案相对合同的调整、设备到货验收相对设计方案及合同的调整、追加合同中同类设备数量的调整等。监理人员应协助建设单位，严把质量关。

案例 151　处于新旧标准交割期的风险

案例 30 风险要点：如果在机房项目完成深化设计并进入实施环节后，新标准颁布实施，建设单位可按照原设计方案中依据的标准，继续实施项目并完成验收工作；如果新标准在项目招标或设计阶段颁布实施，建设单位需要按照新标准进行方案设计、评审和验收，否则会面临与未采用强制性国家标准相同的风险。

当处于新旧标准交割期时，监理人员应协助建设单位，分析和确定适用的标准，如果采用旧标准，则应严格管理项目进度，力争在相对短的时间内，完成项目实施和验收，避免因项目建设周期过长而引起对未采用新标准的质疑。

案例 152　机房项目开工准备阶段的风险

案例 31 风险要点：在机房项目的开工准备阶段，除未依据强制性国家标准进行各专业系统的设计之外，还存在未按消防要求进行设计及承建单位不具备部分专业系统施工资质等风险。

《中华人民共和国消防法》第十二条规定：特殊建设工程未经消防设计审查或者审查不合格的，建设单位、施工单位不得施工；其他建设工程，建设单位未提供满足施工需要的消防设计图纸及技术资料的，有关部门不得发放施工许可证或者批准开工报告。

监理人员可协助建设单位审查项目深化设计的合规性，并根据项目深化设计要求，复核承建单位资质，把控施工质量。

案例 153　确定机房位置的风险

案例 32 风险要点：机房位置的选择需要从设备运输、管线敷设、雷电感应、结构荷载、水患、机房专用空调室外机的安装位置等多个方面进行考量。

如果机房位置选择存在问题，必须整改并重新进行相关技术指标评估，注意应完善相关手续，避免出现质量问题。

《基本建设财务规则》（中华人民共和国财政部令第 81 号）第三十条规定：项目主管部门应当会同财政部门加强工程价款结算的监督，重点审查工程招投标文件、工程量及各项费用的计取、合同协议、施工变更签证、人工和材料价差、工程索赔等。

监理人员应协助建设单位，慎重处理对机房的整改，尤其要关注机房位置的调整，严格履行内部审批手续，补充必要的说明文件，保障项目资金使用合规和手续完整。

《国务院办公厅关于印发国家政务信息化项目建设管理办法的通知》（国办发〔2019〕57 号）第八条规定：国家政务信息化项目原则上不再进行节能评估、规划选址、用地预审、环境影响评价等审批，涉及新建土建工程、高耗能项目的除外。

因此，信息化项目机房选址的审批程序大大简化，一旦确定机房位置，原则上不再调整。

案例 154　机房荷载设计的风险

案例 33 风险要点：机房项目中的机柜、空调、UPS 等设备较重，监理人员应协助建设单位尽早发现机房荷载设计的安全隐患，防止出现建筑物局部坍塌事故，威胁人员生命和财产安全。

监理人员应依据《数据中心基础设施施工及验收规范》（GB 50462—2015）和《数据中心设计规范》（GB 50174—2017）的荷载要求，对机房荷载设计方案进行审核。

在改建、扩建机房项目时，拆墙、打洞、楼板开口等会改变原建筑结构，可能使荷载发生变化。如果仍按照原有荷载进行施工，会导致建筑结构不稳定甚至垮塌。因此，在改变建筑结构时，必须对原始资料进行核查，并对原建筑结构进行必要的核验，对改建、扩建方案中的荷载进行确认，以保障施工安全。监理人员应协助建设单位严格监督施工过程，防止承建单位擅自更改设计要求。

案例 155　机房接地设计的风险

案例 34 风险要点：机房不按标准进行防雷接地设计，轻则引发设备运行故障，造成经济损失，重则导致人员伤亡。

《建筑物防雷设计规范》（GB 50057—2010）和《建筑物电子信息系统防雷技术规范》（GB 50343—2012）都对防雷接地有明确要求，监理单位和建设单位应严格把控设计审核关，监督施工过程，避免出现防雷接地不规范的问题。

案例 156　机房配电系统施工的风险

案例 35 风险要点：不按标准进行机房配电系统设计和施工，会导致电气系统运行故障，威胁人员生命和财产安全。

《建筑电气工程施工质量验收规范》（GB 50303—2015）规定：安装电工、焊工、起重吊装工和电力系统调试等人员应持证上岗。

监理人员应通过检查承建单位施工许可证、安全制度、人员资格证书等，防止出现"无证上岗"的情况。同时，协助建设单位对施工现场进行全面检查，包括安全员配置、安全制度落实、安全设施配套等情况，排除安全隐患。

案例 157　机房取电的风险

案例 36 风险要点：在新建机房项目的施工过程中，由于电气系统尚未正式运行，取电操作本身不会对其造成损害，还能在一定程度上检验配电系统的负载能力。但如果操作不规范，也会存在风险。对于改造机房或正式运行的机房来说，由于电气设备已处于运行状态，随意取电可能导致设备运行故障甚至损坏，严重威胁数据安全。

应依据《建设工程施工现场供用电安全规范》（GB 50194—2014）对机房

项目施工过程进行管理，已建成的机房必须依据建设单位制定的机房运行管理制度进行管理。

监理人员应根据机房项目的实际情况，协助建设单位对机房取电操作进行监督管理，防止发生安全事故。

10.8 到货验收环节的风险管控案例

案例 158　到货验收环节的职责和检验项问题风险

案例 39、案例 40、案例 41、案例 43、案例 47 风险要点：在项目到货验收环节，如果对设备标识、包装、型号、有效证明、规格和配置审查不严，会出现"鱼目混珠"的情况，可能影响系统的稳定运行，并引起验收专家、审计机构对建设单位资金使用规范性的质疑。

在到货验收环节，监理单位最有力的管理依据是建设单位与承建单位签订的合同及承建单位的采购方案，监理人员应要求承建单位严格履行材料报审程序，避免未经报审的设备、产品进场，从而协助建设单位把好到货验收前的第一关。

设备、产品（含系统软件）到货是项目资金转换成实物资产的过程，是履行合同、使用资金的关键环节，监理人员应协助建设单位进行对标性检查（到货设备与合同、设计方案的一致性），发现标识不清、包装破损、型号不一致、缺少证明材料等问题，在发现问题时及时制止问题设备进场，直至承建单位完成合格设备采购并重新组织到货验收。

监理人员可针对到货验收等问题组织专题会，邀请建设单位相关人员参加，形成会议纪要，准备好带有时间、地点等信息的签到表，保证重要文件上有建设单位相关人员的签字和盖章。如果建设单位拒绝签字盖章，且监理人员认为相应的责任较大，可以向建设单位提交一式多份陈述问题和风险的监理联系单，无论建设单位如何处理监理联系单，监理人员都已留下时效性书面文件，至少可减轻监理"没提醒、没沟通"的责任。

案例 159　设备加电测试的风险

案例 42 风险要点：对设备进行加电测试是到货验收环节检查设备质量最有效的手段之一。如果未按流程进行设备加电测试，当在设备后期运行过程中出现质量问题时，建设单位和监理单位需要承担管理失察的责任，而且处理不合格设备的程序非常复杂，容易引起合同纠纷。

监理人员应要求承建单位严格履行材料报审程序并依据建设单位与承建单位签订的合同及承建单位的采购方案进行设备加电测试，检查设备配置参数和运行状态，并做好记录，必要时协调建设单位和节点用户（有些项目涉及本级用户之外的实施节点），共同对设备加电测试进行监督。

案例 160　使用非正版软件产品的风险

案例 44 风险要点：虽然软件产品的到货验收管理程序与硬件设备相同，但软件产品一般以安装介质的方式提交，无法通过简单的外观、标识、证明材料等进行检验，为非正版软件产品提供了可乘之机。如果使用非正版软件产品，建设单位将违反知识产权保护要求，且无法获得正版软件产品的服务保障。

监理人员应在合同签订阶段对承建单位进行严格约束，并将自身专业知识与市场调研结合，避免承建单位混淆概念，以保障项目的顺利实施。

在一些项目中，承建单位会按照投标文件内容，提供自主研发的软件产品，并进行远程部署，监理人员可对邮件截图，并要求承建单位提供备份安装介质和书面服务承诺（如果合同中未明确）等，补充和完善到货验收手续。

案例 161　随箱资料不完整的风险

案例 45 风险要点：设备装箱单、合格证、操作手册等随箱资料，是等保测评机构检查设备安全性的重要文件，缺少相关资料可能会影响测评结果。

《信息安全技术 网络安全等级保护基本要求》（GB/T 22239—2019）发布后，测评机构加强了对网络和安全设备的检查。在到货验收环节，监理人员应关注对设备随箱资料的检查，并重视和落实对设备随箱资料的管理，保障项目档案完整。

案例 162　在到货验收环节各方签字不全的风险

案例 46 风险要点：到货验收环节是将资金转换成资产并进行确认的关键环节，未在到货验收文件上签字盖章的一方，无法表明其认可和确认设备、产品合规，专家会质疑项目档案的完整性及建设单位和监理单位管理的规范性，审计机构会质疑到货验收手续的有效性，可能对相关资产不予确认。

《国家电子政务工程建设项目档案管理暂行办法》第十四条规定：电子政务项目实施机构归档的纸质文件应为原件或正本，且签章手续完备。同时应注重对电子文件、照片、录像等各种类型、载体文件材料的收集、归档。电子文件的归档范围参照纸质文件归档范围。

《信息技术服务 监理 第 2 部分：基础设施工程监理规范》（GB/T 19668.2—2017）指出：三方共同填写设备到货验收单。

监理人员应协助建设单位加强对项目到货验收环节的监督及对相关文件的管理，确保签字盖章齐全，避免出现管理不规范的问题。

案例 163　将到货验收和项目验收混淆的风险

案例 48 风险要点：除集中采购设备分发类项目之外，信息化项目大多涉及设备到货、安装、联调及不同单项系统集成，如果用到货验收替代项目验收，则会影响整体集成，项目等保测评、审计、档案整理等工作也会因部分承建单位验收完离场而不受合同制约。

《基本建设财务规则》（中华人民共和国财政部令第 81 号）第三十三条规定：项目建设单位在项目竣工后，应当及时编制项目竣工财务决算，并按照规定报送项目主管部门。项目设计、施工、监理等单位应当配合项目建设单位做好相关工作。建设周期长、建设内容多的大型项目，单项工程竣工具备交付使用条件的,可以编报单项工程竣工财务决算,项目全部竣工后应当编报竣工财务总决算。

监理人员可以进行事前控制,通过在合同中约定、在等保测评和审计环节加强布局等,协助建设单位做好整体管控,避免出现"盲点",保障项目顺利完成。

10.9　项目进度的风险管控案例

案例 164　项目延期手续缺失的风险

案例 49 风险要点:项目延期包括合理延期和不合理延期,如果由不可抗力导致延期,且办理了延期手续,则建设单位承担的责任较小。如果由承建单位单方导致延期或在合理延期的情况下未办理延期手续,则承建单位需承担违约责任并受到经济处罚,建设单位需要承担经济损失并被追究管理责任。

《中华人民共和国政府采购法实施条例》第七十六条规定:政府采购当事人违反政府采购法和本条例规定,给他人造成损失的,依法承担民事责任。第七十七条规定:财政部门在履行政府采购监督管理职责中违反政府采购法和本条例规定,滥用职权、玩忽职守、徇私舞弊的,对直接负责的主管人员和其他直接责任人员依法给予处分;直接负责的主管人员和其他直接责任人员构成犯罪的,依法追究刑事责任。

在信息化项目实践中,项目延期情况较多,监理人员可通过完善合同条款及严格落实项目延期流程管理制度,动态掌控单项和项目整体进度,避免出现项目延期和延期手续缺失的问题。

案例 165　项目频繁延期的风险

案例 50 风险要点:项目频繁申请延期表明承建单位项目计划性差或质量存在缺陷,会影响项目审批部门、主管部门对建设单位的绩效评价。

《国务院办公厅关于印发国家政务信息化项目建设管理办法的通知》（国办发〔2019〕57 号）第三十二条规定：项目审批部门、主管部门应当加强对绩效评价和项目后评价结果的应用，根据评价结果对国家政务信息化项目存在的问题提出整改意见，指导完善相关管理制度，并按照项目审批管理要求将评价结果作为下一年度安排政府投资和运行维护经费的重要依据。第三十三条规定：单位或者个人违反本办法规定未履行审批、备案程序，或者因管理不善、弄虚作假造成严重超概算、质量低劣、损失浪费、安全事故或者其他责任事故的，相关部门应当予以通报批评，并对负有直接责任的主管人员和其他责任人员依法给予处分。相关部门、单位或者个人违反国家有关规定，截留、挪用政务信息化项目资金，或者违规安排运行维护经费的，由有关部门按照《财政违法行为处罚处分条例》等相关规定予以查处。

监理人员应进行事前控制，要求承建单位制订合理的实施计划，协调建设单位及时处理影响项目进度的因素，避免出现项目频繁延期的情况。

案例 166　未按合同约定进行项目验收的风险

案例 51 风险要点：项目各单项合同中约定的建设周期、实施内容（含应用软件功能）、交付档案、试运行和验收、运维、违约责任处罚等条款，是验收专家和审计机构审查的重点，如果未按合同约定进行项目验收，建设单位将承担相应的责任。

《基本建设财务规则》（中华人民共和国财政部令第 81 号）第五十二条规定：项目绩效评价应当重点对项目建设成本、工程造价、投资控制、达产能力与设计能力差异、偿债能力、持续经营能力等实施绩效评价，根据管理需要和项目特点选用社会效益指标、财务效益指标、工程质量指标、建设工期指标、资金来源指标、资金使用指标、实际投资回收期指标、实际单位生产（营运）能力投资指标等评价指标。

监理人员应严格履行管理职责，在项目延期时，通过发出监理通知单等措施，保障项目按进度计划落实，并避免因承建单位责任导致未按合同约定进行项目验收的情况发生。

案例167 机房先行验收的风险

案例52风险要点：当关联的集成系统、应用软件系统部署完成并运转正常时，先行组织机房验收对项目整体的影响较小。如果后续还涉及等保测评、审计、档案整理等工作，则不宜先行组织机房验收。

《基本建设财务规则》（中华人民共和国财政部令第81号）第三十三条规定：项目建设单位在项目竣工后，应当及时编制项目竣工财务决算，并按照规定报送项目主管部门。项目设计、施工、监理等单位应当配合项目建设单位做好相关工作。建设周期长、建设内容多的大型项目，单项工程竣工具备交付使用条件的，可以编报单项工程竣工财务决算，项目全部竣工后应当编报竣工财务总决算。

在大型信息化项目中，机房项目往往先满足终验条件，但应符合项目整体管理办法的要求。监理人员可协助建设单位综合规划对各单项初验、试运行和终验的安排，在单项招标文件和合同中明确验收要求和需要配合建设单位完成的工作，避免单项先行验收影响项目整体验收。

案例168 项目停工的风险

案例53风险要点：签发项目开工令、停工令、复工令，是监理单位特定的职责，当项目实施过程中发生较为严重的质量事故或即将发生安全事故时，监理人员在征求建设单位意见后，可向承建单位签发停工令，并要求承建单位限期完成整改工作。待项目状态稳定，监理单位在征得建设单位同意后，签发复工令。同时，监理人员可协助建设单位评估停工对项目进度的影响，妥善处理项目停工事宜，尤其是关键的单项。

监理人员在协助建设单位处理项目停工问题前，可结合合同中的违约条款，向相关承建单位通报停工责任，并协调承建单位做好应急预案，减小停工带来的影响。

案例 169　不定期向项目审批部门提交项目绩效评价报告的风险

案例 54 风险要点：建设单位应定期向项目审批部门提交项目绩效评价报告，包括建设进度和投资计划执行情况等内容，如果项目进度偏离较大而未及时向项目审批部门报告，将面临暂停项目建设的风险。

《国务院办公厅关于印发国家政务信息化项目建设管理办法的通知》（国办发〔2019〕57 号）第二十条规定：项目建设单位应当对项目绩效目标执行情况进行评价，并征求有关项目使用单位和监理单位的意见，形成项目绩效评价报告，在建设期内每年年底前向项目审批部门提交。项目绩效评价报告主要包括建设进度和投资计划执行情况。对于已投入试运行的系统，还应当说明试运行效果及遇到的问题等。第二十一条规定：项目建设过程中出现工程严重逾期、投资重大损失等问题的，项目建设单位应当及时向项目审批部门报告，项目审批部门按照有关规定要求项目建设单位进行整改或者暂停项目建设。

目前，项目审批部门已将监督的重点从了解项目基本情况转向项目绩效评价，特别是建设进度和投资计划执行情况，监理单位可通过提交在项目建设过程中对项目绩效目标执行情况的意见，协助建设单位做好绩效评价工作，并预防项目进度出现较大偏离。

10.10　项目变更的风险管控案例

案例 170　合同金额和内容变更的风险

案例 55、案例 60、案例 62、案例 64 风险要点：项目招标内容与批复内容的一致性、合同金额与中标金额的一致性是审计的重点，如果缺少必要的变更手续，则涉及擅自调整合同金额和内容，建设单位将承担相应的责任。

《中华人民共和国政府采购法实施条例》第六十七条规定，采购人有下列情形之一的，由财政部门责令限期改正，给予警告，对直接负责的主管人员和其他直接责任人员依法给予处分，并予以通报：①未按照规定编制政府采购实施计划或者未按照规定将政府采购实施计划报本级人民政府财政部门备案；②将应当进行公开招标的项目化整为零或者以其他任何方式规避公开招标；③未按照规定在评标委员会、竞争性谈判小组或者询价小组推荐的中标或者成交候选人中确定中标或者成交供应商；④未按照采购文件确定的事项签订政府采购合同；⑤政府采购合同履行中追加与合同标的相同的货物、工程或者服务的采购金额超过原合同采购金额 10%；⑥擅自变更、中止或者终止政府采购合同；⑦未按照规定公告政府采购合同；⑧未按照规定时间将政府采购合同副本报本级人民政府财政部门和有关部门备案。

《基本建设财务规则》（中华人民共和国财政部令第 81 号）第三十条规定：项目主管部门应当会同财政部门加强工程价款结算的监督，重点审查工程招投标文件、工程量及各项费用的计取、合同协议、施工变更签证、人工和材料价差、工程索赔等。第五十九条规定：对于违反本规则的基本建设财务行为，依照《预算法》、《财政违法行为处罚处分条例》等有关规定追究责任。

在项目实施过程中，监理单位应严格按照变更流程调整合同金额和内容，对复杂系统变更来说，必要时可协调建设单位组织专家评审会，避免出现擅自调整合同金额和内容的情况。

案例 171　项目概算调整不合规的风险

案例 56 风险要点：项目概算调整的数额不得超过概算总投资的 15%。

《财政违法行为处罚处分条例》第九条规定，单位和个人有下列违反国家有关投资建设项目规定的行为之一的，责令改正，调整有关会计账目，追回被截留、挪用、骗取的国家建设资金，没收违法所得，核减或者停止拨付工程投资。对单位给予警告或者通报批评，其直接负责的主管人员和其他直接责任人员属于国家公务员的，给予记大过处分；情节较重的，给予降级或者撤职处分；情节严重的，给予开除处分：①截留、挪用国家建设资金；②以虚报、冒领、关联交易等手段骗取国家建设资金；③违反规定超概算投资；④虚列投资完成额；⑤其他违反国家投资建设项目有关规定的行为。《中华人民共和国政府采购法》《中华人民共和国招标投标法》《国家重点建设项目管理办法》等法律、行政法规另有规定的，依照其规定处理、处罚。

监理人员应根据相关法规和政策要求，协助建设单位正确处理项目概算调整问题，避免出现违规情况。

案例 172　合同金额调整手续不全的风险

案例 57 风险要点：当进行合同金额调整时，应完成变更手续并签订补充合同，以保障变更的合规性。

《基本建设财务规则》（中华人民共和国财政部令第 81 号）第五十九条规定：对于违反本规则的基本建设财务行为，依照《预算法》《财政违法行为处罚处分条例》等有关规定追究责任。

在软件项目的合同变更处理中存在一些容易被忽视的问题。例如，当核增金额不小于核减金额时，一些承建单位认为只要合同金额没有发生变化，就不需要签订补充合同，甚至不需要完成变更手续。这一观点是错误的，监理人员应加强监督，保障资金使用合规、档案完整。

案例 173　擅自终止合同的风险

案例 58 风险要点：建设单位和承建单位都不得擅自终止合同，否则将受到经济处罚并被追究法律责任。

《中华人民共和国政府采购法实施条例》第六十七条规定，采购人有下列情形之一的，由财政部门责令限期改正，给予警告，对直接负责的主管人员和其他直接责任人员依法给予处分，并予以通报：①未按照规定编制政府采购实施计划或者未按照规定将政府采购实施计划报本级人民政府财政部门备案；②将应当进行公开招标的项目化整为零或者以其他任何方式规避公开招标；③未按照规定在评标委员会、竞争性谈判小组或者询价小组推荐的中

标或者成交候选人中确定中标或者成交供应商；④未按照采购文件确定的事
项签订政府采购合同；⑤政府采购合同履行中追加与合同标的相同的货物、
工程或者服务的采购金额超过原合同采购金额 10%；⑥擅自变更、中止或者
终止政府采购合同；⑦未按照规定公告政府采购合同；⑧未按照规定时间将
政府采购合同副本报本级人民政府财政部门和有关部门备案。第七十二条规
定，供应商有下列情形之一的，依照政府采购法第七十七条第一款的规定追
究法律责任：①向评标委员会、竞争性谈判小组或者询价小组成员行贿或者
提供其他不正当利益；②中标或者成交后无正当理由拒不与采购人签订政府
采购合同；③未按照采购文件确定的事项签订政府采购合同；④将政府采购
合同转包；⑤提供假冒伪劣产品；⑥擅自变更、中止或者终止政府采购合同。
供应商有前款第一项规定情形的，中标、成交无效。评审阶段资格发生变化，
供应商未依照本条例第二十一条的规定通知采购人和采购代理机构的，处以
采购金额 5‰的罚款，列入不良行为记录名单，中标、成交无效。

监理人员应协助建设单位加强对项目合同履行过程的监管，通过发出监
理通知单等措施，及时处理项目实施过程中的质量、进度和资金结算问题，
避免因严重违约导致合同终止。

案例 174　混淆项目结余资金使用与前期概算调整的风险

案例 59 风险要点：进行概算调整必须向项目审批部门提交调整方案，当
项目概算调整超过概算总投资的 15%时，需要重新审批。如果有意规避报批
程序，将前期概算调整与结余资金使用一并处理，属于违规使用资金的情况，
建设单位将承担相应的法律责任。

《国务院办公厅关于印发国家政务信息化项目建设管理办法的通知》（国
办发〔2019〕57 号）第二十三条规定，项目投资规模未超出概算批复、建设
目标不变，项目主要建设内容确需调整且资金调整数额不超过概算总投资
15%，并符合下列情形之一的，可以由项目建设单位调整，同时向项目审批
部门备案：①根据党中央、国务院部署，确需改变建设内容的；②确需对原
项目技术方案进行完善优化的；③根据所建政务信息化项目业务发展需要，

在已批复项目建设规划的框架下调整相关建设内容及进度的。不符合上述情形的，应当按照国家有关规定履行相应手续。

《基本建设财务规则》（中华人民共和国财政部令第 81 号）第四十八条规定：经营性项目结余资金，转入单位的相关资产。非经营性项目结余资金，首先用于归还项目贷款。如有结余，按照项目资金来源属于财政资金的部分，应当在项目竣工验收合格后 3 个月内，按照预算管理制度有关规定收回财政。

项目实施过程中前期概算调整和结余资金使用都属于概算调整，但两者的履行程序不同，提交审批的时间也不同。监理人员应根据相关政策和业务现状，协助建设单位提前规划项目概算调整方案和报批程序，避免将前期概算调整与结余资金使用混淆。

案例 175　用合同变更替代项目概算调整的风险

案例 61 风险要点：用合同变更替代项目概算调整违反了相关政策法规的要求。同时，由于合同变更存在内容和金额限制，很难达到目标。

《中华人民共和国政府采购法》第四十九条规定：政府采购合同履行中，采购人需追加与合同标的相同的货物、工程或者服务的，在不改变合同其他条款的前提下，可以与供应商协商签订补充合同，但所有补充合同的采购金额不得超过原合同采购金额的百分之十。

在项目全面实施前，监理人员可协助建设单位对照批复的设计方案进行深化设计，并按照建设内容和建设目标规划采购标段（单项），避免出现单项与整体建设目标偏离的情况。

案例 176　忽视对变更内容的验收的风险

案例 63 风险要点：必须按要求对项目变更内容进行管控，如果忽视对变更内容的验收，建设单位将被追究管理责任。

《基本建设财务规则》（中华人民共和国财政部令第 81 号）第三十条规定：项目主管部门应当会同财政部门加强工程价款结算的监督，重点审查工程招投标文件、工程量及各项费用的计取、合同协议、施工变更签证、人工和材料价差、工程索赔等。第五十九条规定：对于违反本规则的基本建设财务行为，依照《预算法》《财政违法行为处罚处分条例》等有关规定追究责任。

监理人员可协助建设单位制定变更管理制度，严格履行变更程序，加强对变更内容（包括使用结余资金产生的招标项）实施过程的监管和成果确认，将变更内容作为项目验收的组成部分，避免出现管理盲点。

> **案例 177　手续文件不归档的风险**
>
> *案例 65 风险要点：* 手续文件是项目资金使用的证明，也是项目档案的重要组成部分，手续文件不归档将导致项目无法通过验收。

《国家电子政务工程建设项目档案管理暂行办法》第二十五条规定：档案专家组出具档案验收意见，档案验收结果分为合格与不合格。档案专家组三分之二以上成员同意通过验收的为合格。档案验收不合格的电子政务项目，由档案专家组提出整改意见，并进行复查，复查后仍不合格的，不得通过竣工验收。

监理人员应协助建设单位及时将手续文件归档，尤其是补充合同、评审文件等时效性极强的文件，以避免影响项目验收。

10.11　引入第三方机构的风险案例

> **案例 178　不及时引入等保测评机构的风险**
>
> *案例 66 风险要点：* 等保测评与安全风险评估、密码应用安全性评估已成为项目竣工验收的重要内容，如果不符合相关规定，将面临限期整改、通报批评、项目终止等风险。

《关于加强国家电子政务工程建设项目信息安全风险评估工作的通知》

（发改高技[2008]2071 号）第一项指出：国家的电子政务网络、重点业务信息系统、基础信息库以及相关支撑体系等国家电子政务工程建设项目（以下简称电子政务项目），应开展信息安全风险评估工作。第七项指出：项目建设单位应在项目建设任务完成后试运行期间，组织开展该项目的信息安全风险评估工作，并形成相关文档，该文档应作为项目验收的重要内容。

《国务院办公厅关于印发国家政务信息化项目建设管理办法的通知》（国办发〔2019〕57 号）第二十八条规定：加强国家政务信息化项目建设投资和运行维护经费协同联动，坚持"联网通办是原则，孤网是例外"。部门已建的政务信息化项目需升级改造，或者拟新建政务信息化项目，能够按要求进行信息共享的，由国家发展改革委会同有关部门进行审核；如果部门认为根据有关法律法规和党中央、国务院要求不能进行信息共享，但是确有必要建设或者保留的，由国家发展改革委报国务院，由国务院办公厅会同有关部门进行审核，经国务院批准后方可建设或者保留。①对于未按要求共享数据资源或者重复采集数据的政务信息系统，不安排运行维护经费，项目建设单位不得新建、改建、扩建政务信息系统。②对于未纳入国家政务信息系统总目录的系统，不安排运行维护经费。③对于不符合密码应用和网络安全要求，或者存在重大安全隐患的政务信息系统，不安排运行维护经费，项目建设单位不得新建、改建、扩建政务信息系统。第三十条指出：国务院办公厅、国家发展改革委、财政部、中央网信办会同有关部门按照职责分工，对国家政务信息化项目是否符合国家有关政务信息共享的要求，以及项目建设中招标采购、资金使用、密码应用、网络安全等情况实施监督管理。发现违反国家有关规定或者批复要求的，应当要求项目建设单位限期整改。逾期不整改或者整改后仍不符合要求的，项目审批部门可以对其进行通报批评、暂缓安排投资计划、暂停项目建设直至终止项目。网络安全监管部门应当依法加强对国家政务信息系统的安全监管，并指导监督项目建设单位落实网络安全审查制度要求。各部门应当严格遵守有关保密等法律法规规定，构建全方位、多层次、一致性的防护体系，按要求采用密码技术，并定期开展密码应用安全性评估，确保政务信息系统运行安全和政务信息资源共享交换的数据安全。

不及时完成等保测评工作，将影响项目整体进度，监理人员应协助建设单位提前规划引入等保测评机构的时间和资金，避免影响项目验收。

案例 179　不引入审计机构的风险

案例 67 风险要点：审计报告是项目验收的重要材料，缺少审计报告将存在违反相关财务管理规范的风险，建设单位将被追究相应的责任。

《国务院办公厅关于印发国家政务信息化项目建设管理办法的通知》（国办发〔2019〕57 号）第二十五条规定：国家政务信息化项目建成后半年内，项目建设单位应当按照国家有关规定申请审批部门组织验收，提交验收申请报告时应当一并附上项目建设总结、财务报告、审计报告、安全风险评估报告（包括涉密信息系统安全保密测评报告或者非涉密信息系统网络安全等级保护测评报告等）、密码应用安全性评估报告等材料。项目建设单位不能按期申请验收的，应当向项目审批部门提出延期验收申请。项目审批部门应当及时组织验收。验收完成后，项目建设单位应当将验收报告等材料报项目审批部门备案。第二十九条指出：项目建设单位应当接受项目审批部门及有关部门的监督管理，配合做好绩效评价、审计等监督管理工作，如实提供建设项目有关资料和情况，不得拒绝、隐匿、瞒报。第三十三条指出：单位或者个人违反本办法规定未履行审批、备案程序，或者因管理不善、弄虚作假造成严重超概算、质量低劣、损失浪费、安全事故或者其他责任事故的，相关部门应当予以通报批评，并对负有直接责任的主管人员和其他责任人员依法给予处分。相关部门、单位或者个人违反国家有关规定，截留、挪用政务信息化项目资金，或者违规安排运行维护经费的，由有关部门按照《财政违法行为处罚处分条例》等相关规定予以查处。

项目资金使用情况是管理部门和财政部门对建设单位进行考核的重要内容，监理人员可以协助建设单位适时引入审计机构，避免出现违规使用项目资金的情况。

案例 180　在软件项目中不引入软件测试机构的风险

案例 68 风险要点：软件测试不是信息化项目的必备内容，但对于投资规模较大、单项较多的项目，为了提高软件运行的可靠性，建设单位一般会引入软件测试机构，以确保各单项验收和整体验收顺利完成。

《政府采购货物和服务招标投标管理办法》第七十四条规定：采购人应当及时对采购项目进行验收。采购人可以邀请参加本项目的其他投标人或者第三方机构参与验收。参与验收的投标人或者第三方机构的意见作为验收书的参考资料一并存档。

对于一些项目来说，在立项申报环节，没有将服务费单列，导致在需要引入第三方机构时缺少资金支持，服务费筹集和第三方机构采购时间较长，可能影响项目进度。监理人员应协助建设单位，在招标前做好第三方机构引入工作，确保项目验收顺利完成。

10.12 项目资金审核的风险案例

案例 181 在招标阶段围标和串标的风险

案例 69 风险要点：围标和串标是严重的违规行为，将导致废标，即使已签订合同，也存在解除合同的风险，情况严重时要追究相关人员的法律责任。

《中华人民共和国招标投标法》第五十三条规定：投标人相互串通投标或者与招标人串通投标的，投标人以向招标人或者评标委员会成员行贿的手段谋取中标的，中标无效，处中标项目金额千分之五以上千分之十以下的罚款，对单位直接负责的主管人员和其他直接责任人员处单位罚款数额百分之五以上百分之十以下的罚款；有违法所得的，并处没收违法所得；情节严重的，取消其一年至二年内参加依法必须进行招标的项目的投标资格并予以公告，直至由工商行政管理机关吊销营业执照；构成犯罪的，依法追究刑事责任。给他人造成损失的，依法承担赔偿责任。

监理人员可协助建设单位在招标文件中说明串标、围标的责任，并在招标结果产生后，协助建设单位审查投标文件，发现问题及时通报建设单位，按照相关法规进行处理。

> **案例 182　项目实际情况与概算批复不一致的风险**
>
> 　　案例 70、案例 71、案例 73、案例 75、案例 77、案例 78、案例 79 风险要点：在项目招标环节、合同签订环节和实施环节，会发生各种形式的调整，包括前期整体概算调整、实施过程项目变更、实施后期结余资金使用等，如果违规调整，会出现招标预算超出概算批复、项目采购设备不在批复范围内、合同内容与招标文件内容不一致、项目概算数据不准确、培训内容与批复内容不一致、项目建设管理费支出不规范、项目不满足支付条件就提前支付、合同存在开口条款等问题，建设单位将被追究相应的责任。

《国务院办公厅关于印发国家政务信息化项目建设管理办法的通知》（国办发〔2019〕57 号）第二十二条规定：项目建设单位应当严格按照项目审批部门批复的初步设计方案和投资概算实施项目建设。项目建设目标和内容不变，项目总投资有结余的，应当按照相关规定将结余资金退回。项目建设的资金支出按照国库集中支付有关制度规定执行。

《中华人民共和国招标投标法实施条例》第五十七条规定：招标人和中标人应当依照招标投标法和本条例的规定签订书面合同，合同的标的、价款、质量、履行期限等主要条款应当与招标文件和中标人的投标文件的内容一致。招标人和中标人不得再行订立背离合同实质性内容的其他协议。招标人最迟应当在书面合同签订后 5 日内向中标人和未中标的投标人退还投标保证金及银行同期存款利息。

《国家税务局系统基本建设项目竣工财务决算管理暂行办法》第六条规定：项目竣工财务决算未经审核前，项目建设单位一般不得撤销。项目负责人及财务主管人员、重大项目的相关工程技术主管人员、概（预）算主管人员一般不得调离。项目建设单位确需撤销的，项目有关财务资料应当转入其他机构承接、保管。项目负责人、财务人员及相关工程技术主管人员确需调离的，应当继续承担或协助做好竣工财务决算相关工作。

《中央预算内直接投资项目概算管理暂行办法》第十三条规定：项目初步

设计及概算批复核定后，应当严格执行，不得擅自增加建设内容、扩大建设规模、提高建设标准或改变设计方案。确需调整且将会突破投资概算的，必须事前向国家发展改革委正式申报；未经批准的，不得擅自调整实施。第十七条规定：申请调整概算的项目，如有未经国家发展改革委批准擅自增加建设内容、扩大建设规模、提高建设标准、改变设计方案等原因造成超概算的，除按照第十五条提交调整概算的申报材料外，必须同时界定违规超概算的责任主体，并提出自行筹措违规超概算投资的意见，以及对相关责任单位及责任人的处理意见。国家发展改革委委托评审，待相关责任单位和责任人处理意见落实后核定调整概算，违规超概算投资原则上不安排中央预算内投资解决。第二十条规定：国家发展改革委未按程序核定或调整概算的，应当及时改正。对直接负责的主管人员和其他责任人员应当进行诫勉谈话、通报批评或者给予党纪政纪处分。

在项目实施过程中，监理人员应协助建设单位梳理项目批复内容，及时审核项目各单项招标预算与概算批复的一致性、各单项合同标的和内容与招标文件的一致性，做好项目变更和资金支付管理，保障项目资金使用手续完备。同时，监理人员应适时引入第三方机构，加强对各环节的监管。

> **案例 183　项目资金结算手续不规范的风险**
>
> 案例 72、案例 76、案例 80 风险要点：与擅自调整概算及合同内容相比，合同及补充合同未签字盖章、缺少培训人员签到表和支出原始凭证、合同存在开口条款等问题的严重程度较低，但存在项目管理不规范的问题，同样需要面对项目主管部门和审计机构的审查，可能导致项目支出不被确认，并影响项目整体验收。

《基本建设财务规则》（中华人民共和国财政部令第 81 号）第二十二条规定，项目建设单位应当严格控制建设成本的范围、标准和支出责任，以下支出不得列入项目建设成本：①超过批准建设内容发生的支出；②不符合合同协议的支出；③非法收费和摊派；④无发票或者发票项目不全、无审批手续、无责任人员签字的支出；⑤因设计单位、施工单位、供货单位等原因造成的工程报废等损失，以及未按照规定报经批准的损失；⑥项目符合规定的验收条件之日起 3 个月后发生的支出；⑦其他不属于本项目应当负担的支出。

《中央和国家机关差旅费管理办法》第四条规定：中央单位应当建立健全公务出差审批制度。出差必须按规定报经单位有关领导批准，从严控制出差人数和天数；严格差旅费预算管理，控制差旅费支出规模；严禁无实质内容、无明确公务目的的差旅活动，严禁以任何名义和方式变相旅游，严禁异地部门间无实质内容的学习交流和考察调研。

《国家电子政务工程建设项目档案管理暂行办法》第十四条规定：电子政务项目实施机构归档的纸质文件应为原件或正本，且签章手续完备。同时应注重对电子文件、照片、录像等各种类型、载体文件材料的收集、归档。电子文件的归档范围参照纸质文件归档范围。

监理人员应协助建设单位做好对项目建设管理费和会议签到流程的管理，从合同履行的规范性和档案完整性的角度，严格落实对项目相关方签字盖章手续的管理。

案例 184　软件功能缺项的风险

案例 74 风险要点：软件项目具有复杂性，且其需求具有不确定性，因此，在软件项目实施的多个环节都存在违规调整的风险。其中功能缺项问题较为典型，表现为使用部门要求核减招标文件及合同限定的开发内容和功能，并按自身需求增加内容和功能，导致审计机构和验收专家在验收环节质疑项目实施不符合合同要求，建设单位存在违规使用资金的风险。

《基本建设财务规则》（中华人民共和国财政部令第 81 号）第三十条规定：项目主管部门应当会同财政部门加强工程价款结算的监督，重点审查工程招投标文件、工程量及各项费用的计取、合同协议、施工变更签证、人工和材料价差、工程索赔等。第五十九条规定：对于违反本规则的基本建设财务行为，依照《预算法》、《财政违法行为处罚处分条例》等有关规定追究责任。

在软件深化设计阶段，监理单位和建设单位应要求承建单位充分征求使用部门的意见，并严格按照合同约定的功能进行设计、开发、测试和验收，当使用部门提出调整需求时，承建单位应按照变更程序完善相关手续。如果涉及功能变更，承建单位需要向建设单位和监理单位提交完整的调整方案和工作量预估报告，配合建设单位完成必要的专家论证工作，并签订补充合同，避免出现擅自调整合同内容和违规使用资金的风险。

案例 185　项目建设内容有遗留的风险

案例 81 风险要点：项目一般不得预留尾工工程，确需预留尾工工程的，尾工工程投资不得超过批准的项目概（预）算总投资的 5%。项目主管部门应当督促项目建设单位抓紧实施项目尾工工程，加强对尾工工程资金使用的监督管理。

《基本建设财务规则》（中华人民共和国财政部令第 81 号）第三十八条规定：项目一般不得预留尾工工程，确需预留尾工工程的，尾工工程投资不得超过批准的项目概（预）算总投资的 5%。项目主管部门应当督促项目建设单位抓紧实施项目尾工工程，加强对尾工工程资金使用的监督管理。第五十九条规定：对于违反本规则的基本建设财务行为，依照《预算法》、《财政违法行为处罚处分条例》等有关规定追究责任。

《基本建设项目竣工财务决算管理暂行办法》第十五条规定：项目主管部门应当加强对尾工工程建设资金监督管理，督促项目建设单位抓紧实施尾工工程，及时办理尾工工程建设资金清算和资产交付使用手续。

监理人员应在确保项目主体建设内容已完成和整体建设目标已实现的条件下，考虑将不影响项目竣工验收的非关键内容遗留，将尾工工程投资控制在批准的项目概（预）算总投资的 5% 以内，并严格按照资金管理要求进行建设、验收和档案资料移交。

10.13　项目档案管理的风险案例

案例 186　项目关键档件缺失的风险

案例 82、案例 84、案例 88 风险要点：大型信息化项目的档案整理要求较高，档案应完整并能真实反映项目管理过程及结论，并形成有关联的闭环。项目整体技术方案和实施管理方案缺少建设单位盖章、承建单位的自检报告和过程文件缺失等问题会导致项目无法通过验收。

《国家电子政务工程建设项目档案管理暂行办法》第十四条规定：电子政务项目实施机构归档的纸质文件应为原件或正本，且签章手续完备。同时应注重对电子文件、照片、录像等各种类型、载体文件材料的收集、归档。电子文件的归档范围参照纸质文件归档范围。第二十四条规定了档案竣工验收主要内容及基本要求：①电子政务项目实施机构明确档案管理体制和职责，建立档案工作规章制度和业务规范，采取有效措施对本单位和各参建单位形成的档案进行统一管理。②电子政务项目文件材料的收集、整理和归档纳入合同管理，要求明确，控制措施有效。③电子政务项目文件材料的收集、整理、归档和档案的整理与移交符合有关档案管理标准的要求。电子政务项目档案完整、准确、系统、规范。④保证档案实体和信息的安全，档案装具、归档文件的制成材料符合耐久性要求。第二十五条规定：档案专家组出具档案验收意见，档案验收结果分为合格与不合格。档案专家组三分之二以上成员同意通过验收的为合格。档案验收不合格的电子政务项目，由档案专家组提出整改意见，并进行复查，复查后仍不合格的，不得通过竣工验收。

监理人员可协助建设单位制定和完善项目档案管理制度，协调各方认真落实过程文件收集和归档职责，确保文件完整、签字盖章齐全。对于允许分包的单项（如机房单项），要求承担合同主体责任的承建单位严格履行责任。

案例 187 项目档案管理办法缺失的风险

案例 83 风险要点：档案验收按一票否决制度执行，如果确认项目档案验收不合格，则项目整体验收不能通过。如果项目档案管理办法缺失，档案管理职责很难落实，建设单位将面临项目档案验收不合格的风险。

《国家电子政务工程建设项目档案管理暂行办法》第二十四条规定了档案竣工验收主要内容及基本要求：①电子政务项目实施机构明确档案管理体制和职责，建立档案工作规章制度和业务规范，采取有效措施对本单位和各参建单位形成的档案进行统一管理；②电子政务项目文件材料的收集、整理和归档纳入合同管理，要求明确，控制措施有效；③电子政务项目文件材料的收集、整理、归档和档案的整理与移交符合有关档案管理标准的要求。电子政务项目档案完整、准确、系统、规范；④保证档案实体和信息的安全，档案装具、归档文件的制成材料符合耐久性要求。

在大型信息化项目中，相关制度完善对项目的规范管理至关重要。档案收集、归类、编目、组卷等整理工作的专业性要求较高，缺少统一的项目档案管理办法，将难以形成科学的档案管理体系。在项目招标完成后，监理人员可协助建设单位，依据相关法规和政策制定符合实际的项目档案管理办法，并在落实过程中，对承建单位的培训过程进行监督。

案例 188 错误标定项目档案的保管期限的风险

案例 85 和案例 89 风险要点：项目档案的保管期限因重要程度不同而存在差异，将保管期限短的档案定为长期会浪费宝贵的物理空间；将保管期限长的档案定为短期会对后期依据项目档案进行审查造成严重影响。

《国家电子政务工程建设项目档案管理暂行办法》第十六条规定：档案保管期限分为永久、30 年、10 年三种。电子政务项目档案保管期限为 30 年的对应《国家重大建设项目文件归档要求与档案整理规范》中的长期，保管期限为 10 年的对应短期。

监理人员可协助建设单位按照项目档案的重要程度和政策要求，正确标定档案的保管期限，严格按照规范处理到期的档案，避免出现档案管理不合规的行为。同时，协助建设单位积极推进档案电子化进程，提高保管期限为永久的档案的安全性。

案例 189　项目档案收集不完整的风险

案例 86、案例 87、案例 91 风险要点：与项目关键档案和项目档案管理办法缺失相比，电子文件与纸质文件不一致、缺少照片和音视频资料、忽略定制开发的软件与采购的软件在管理上的差异等问题的风险较低，可以通过整改和补充解决，但会影响专家对建设单位项目管理规范性的评价，也会影响项目档案交付后的利用和问题追溯。

监理人员可以通过建立完整有效的档案审核制度，及时对项目文件进行归档，落实项目各方的档案管理职责，要求各承建单位注重收集和整理项目各阶段的照片和音视频资料，检查电子文件（终稿）与纸质文件的一致性，指导承建单位按照《国家电子政务工程建设项目档案管理暂行办法》的要求，对软件产品和软件资产进行归类。同时，监理人员可以协助建设单位将档案整理工作作为各单项组织终验的前置条件，保障项目档案的完整性和有效性。

案例 190　档案保管场所选择的风险

案例 90 风险要点：项目档案的完整性和安全性影响对项目验收和管理规范性的评价，如果因保管不利造成项目初步设计及概算调整文件、招投标文件、合同及合同变更文件、单项验收文件等丢失或损毁，建设单位将面临行政处罚。

《档案馆建筑设计规范》（JGJ 25—2010）规定：档案防护内容应包括温湿度要求，外围护结构要求，防潮、防水、防日光及紫外线照射，防尘、防污染、防有害生物和安全防范等。

《中华人民共和国档案法》第四十八条规定，单位或者个人有下列行为之一，由县级以上档案主管部门、有关机关对直接负责的主管人员和其他直接责任人员依法给予处分：①丢失属于国家所有的档案的；②擅自提供、抄录、复制、公布属于国家所有的档案的；③买卖或者非法转让属于国家所有的档案的；④篡改、损毁、伪造档案或者擅自销毁档案的；⑤将档案出卖、赠送给外国人或者外国组织的；⑥不按规定归档或者不按期移交档案，被责令改正而拒不改正的；⑦不按规定向社会开放、提供利用档案的；⑧明知存在档案安全隐患而不采取补救措施，造成档案损毁、灭失，或者存在档案安全隐患被责令限期整改而逾期未整改的；⑨发生档案安全事故后，不采取抢救措施或者隐瞒不报、拒绝调查的；⑩档案工作人员玩忽职守，造成档案损毁、灭失的。第四十九条规定：利用档案馆的档案，有本法第四十八条第一项、第二项、第四项违法行为之一的，由县级以上档案主管部门给予警告，并对单位处一万元以上十万元以下的罚款，对个人处五百元以上五千元以下的罚款。档案服务企业在服务过程中有本法第四十八条第一项、第二项、第四项违法行为之一的，由县级以上档案主管部门给予警告，并处二万元以上二十万元以下的罚款。单位或者个人有本法第四十八条第三项、第五项违法行为之一的，由县级以上档案主管部门给予警告，没收违法所得，并对单位处一万元以上十万元以下的罚款，对个人处五百元以上五千元以下的罚款；并可以依照本法第二十二条的规定征购所出卖或者赠送的档案。

在信息化项目中，档案收集、整理、验收的时间跨度大，在向建设单位档案管理部门移交前，需要临时保管，必须关注场所的安全性。监理人员应及时向建设单位提出建议，安排符合档案保管条件的场所。此外，对于信创项目来说，其关键档案涉及国家秘密，应格外关注其保管问题。

10.14　项目概算调整的风险案例

案例 191　项目概算调整比例计算不正确的风险

案例 92 风险要点：建设单位对投资概算表中一、二类科目的调增和调减形成概算调整比例的计算方法的理解不准确将存在超额使用资金的风险。

《国家发展改革委关于进一步加强国家电子政务工程建设项目管理工作的通知》（发改高技[2008]2544 号）指出：项目建设部门应严格按照批复的初步设计方案和投资概算实施项目建设。主要建设内容或投资概算确需调整的，应事先向国家发展改革委提交调整报告，履行报批手续。对于投资规模未超出概算批复、原有建设目标不变且总概算规模内单项工程之间概算调整的数额不超过概算总投资 15% 的项目，并符合以下三种情况之一的可由项目建设部门自行调整，同时将调整批复文件报国家发展改革委备案：①确属于对原项目技术方案进行完善优化的；②根据国家出台的新政策或中央领导部署的新任务要求，改变或增加相应建设内容的；③根据所建电子政务项目业务发展的需要，在国家已批复项目建设规划的框架下适当调整相关建设进度的。

《国务院办公厅关于印发国家政务信息化项目建设管理办法的通知》（国办发〔2019〕57 号）第二十三条规定，项目投资规模未超出概算批复、建设目标不变，项目主要建设内容确需调整且资金调整数额不超过概算总投资 15%，并符合下列情形之一的，可以由项目建设单位调整，同时向项目审批部门备案：①根据党中央、国务院部署，确需改变建设内容的；②确需对原项目技术方案进行完善优化的；③根据所建政务信息化项目业务发展需要，在已批复项目建设规划的框架下调整相关建设内容及进度的。不符合上述情形的，应当按照国家有关规定履行相应手续。

监理人员可协助建设单位合规调整概算，在进行重大概算调整前征求项目审批部门的意见，避免出现违规调整的情况。

案例 192　违规使用项目预备费的风险

案例 93 风险要点：可以合理使用预备费，但预备费不能用于未达到批复目标要求的项目建设或作为结余资金用于与批复项目无关的新增项目建设，如果违规使用项目预备费，建设单位将被追究挪用项目资金、非专款专用的责任。

《国家发展改革委关于加强中央预算内投资项目概算调整管理的通知》（发改投资[2009]1550 号）指出：对于申请调整概算的项目，国家发展改革委将按照静态控制、动态管理的原则，区别不可抗因素和人为因素对概算调整的内容和原因进行审查。对于使用基本预备费可以解决问题的项目，不予调整概算。对于确需调整概算的项目，须经国家发展改革委组织专家评审后方予核定批准。

《基本建设财务规则》（中华人民共和国财政部令第 81 号）第九条规定：财政资金管理应当遵循专款专用原则，严格按照批准的项目预算执行，不得挤占挪用。财政部门应当会同项目主管部门加强项目财政资金的监督管理。第五十九条规定：对于违反本规则的基本建设财务行为，依照《预算法》、《财政违法行为处罚处分条例》等有关规定追究责任。

监理人员应协助建设单位正确使用项目预备费和非建设类管理费，通过项间调增、调减能够解决概算调整时，不轻易动用项目预备费，当涉及安全风险评估及审计时，在资金未列支或资金不足的情况下，可以考虑使用项目预备费，应确保资金使用合规。

案例 193　忽视二类费用管理的风险

案例 94 风险要点：信息化项目中的设计费、监理费、招标代理费、项目建设管理费、勘察设计费、各类检测费等都属于二类费用，当忽略二类费用管理，导致项目验收的必要成果缺少费用支持时，将对项目交付造成影响。

监理人员应根据项目建设内容和特点，与项目批复内容和概算进行对标，梳理、评估项目列支的费用是否缺项，并协助建设单位提前进行规划，保障项目实施和验收顺利完成。

10.15　项目验收的风险案例

案例 194　项目建设效果不佳的风险

案例 95、案例 100、案例 102、案例 103、案例 104 风险要点：结余资金过多、缺乏规范的项目管理制度、国产化率偏低、项目建设效果不突出、项目验收程序过于简化等，都属于项目管理效果不佳的情况，在整体验收环节，专家组会要求建设单位进行补充说明，一般不会影响验收结论。

《国家发展改革委关于进一步加强国家电子政务工程建设项目管理工作的通知》（发改高技[2008]2544 号）指出：项目建设部门应按照《中华人民共和国招标投标法》和《中华人民共和国政府采购法》的有关规定，优先采购自主可控的信息安全设备、核心网络设备、基础软件、系统软件和业务应用软件等关键产品，以确保电子政务项目的安全可靠。自主可控产品的采购情况，将作为项目检查、验收、后评价的重要内容，以及审批项目建设部门后续电子政务项目的重要参考。

《国务院办公厅关于印发国家政务信息化项目建设管理办法的通知》（国办发〔2019〕57 号）第二十条规定：项目建设单位应当对项目绩效目标执行情况进行评价，并征求有关项目使用单位和监理单位的意见，形成项目绩效评价报告，在建设期内每年年底前向项目审批部门提交。项目绩效评价报告主要包括建设进度和投资计划执行情况。对于已投入试运行的系统，还应当说明试运行效果及遇到的问题等。

案例 195　项目招标与采购不规范的风险

案例 96 和案例 99 风险要点：当项目未按批复文件进行招标或采用单一来源采购方式的内容较多时，一般会存在一定的风险。其中，符合案例 1 中必须招标的情况而未招标的项目，不具备案例 3 中的单一来源采购条件而进行单一来源采购的项目，将被废标和解除合同，建设单位需要承担相应的处罚。但是，对于一些在项目审批阶段未列入概算范围且金额较小的内容，建设单位可以根据服务特点选择适用的采购方式。

《中华人民共和国政府采购法》和《中华人民共和国政府采购法实施条例》都明确规定了建设单位违规采购的法律责任。

当建设单位需要采用与批复要求不一致的采购方式时，必须通过严格审核，并形成完善的手续，防止出现擅自改变采购方式的行为。

案例 196　概算调整的数额超过概算总投资 15%的风险

案例 97 风险要点：如果概算调整的数额超过概算总投资的 15%，必须重新申报审批，否则建设单位将面临违规使用财政资金的风险；而重新申报审批会使项目建设被迫中止，不确定因素较多。

《国务院办公厅关于印发国家政务信息化项目建设管理办法的通知》（国办发〔2019〕57 号）第二十三条规定，项目投资规模未超出概算批复、建设目标不变，项目主要建设内容确需调整且资金调整数额不超过概算总投资 15%，并符合下列情形之一的，可以由项目建设单位调整，同时向项目审批部门备案：①根据党中央、国务院部署，确需改变建设内容的；②确需对原项目技术方案进行完善优化的；③根据所建政务信息化项目业务发展需要，在已批复项目建设规划的框架下调整相关建设内容及进度的。不符合上述情形的，应当按照国家有关规定履行相应手续。

由于重新申报审批的不确定因素较多，监理人员应协助建设单位，在合理的情况下将概算调整的数额控制在概算总投资的 15%以内，保障资金使用合规和项目建设顺利完成。

案例 197　项目验收缺少相关报告支撑的风险

案例 98 和案例 101 风险要点：财务决策和审计报告、安全风险评估报告、等保测评报告、密码应用安全性评估报告等已成为大型信息化项目验收的关键成果，缺少相关报告可能导致项目验收不通过。

《国务院办公厅关于印发国家政务信息化项目建设管理办法的通知》（国办发〔2019〕57 号）第二十五条规定：国家政务信息化项目建成后半年内，项目建设单位应当按照国家有关规定申请审批部门组织验收，提交验收申请报告时应当一并附上项目建设总结、财务报告、审计报告、安全风险评估报告（包括涉密信息系统安全保密测评报告或者非涉密信息系统网络安全等级保护测评报告等）、密码应用安全性评估报告等材料。项目建设单位不能按期申请验收的，应当向项目审批部门提出延期验收申请。项目审批部门应当及时组织验收。验收完成后，项目建设单位应当将验收报告等材料报项目审批部门备案。

监理人员应协助建设单位，监督项目实施过程中各项材料的形成、收集和归档过程，并进行客观总结和评价，保障项目验收顺利完成。

10.16　项目审计的风险案例

案例 198　未按合同约定行使处罚权的风险

案例 105 风险要点：建设单位不依据合同约定对相关承建单位的违约行为进行处罚，将被追究未妥善使用和保管财政资金的责任。

《基本建设财务规则》（中华人民共和国财政部令第 81 号）第三十条规定：项目主管部门应当会同财政部门加强工程价款结算的监督，重点审查工程招投标文件、工程量及各项费用的计取、合同协议、施工变更签证、人工和材料价差、工程索赔等。

监理人员应协助建设单位监督承建单位严格履行合同，重点关注项目建设内容缺失、项目进度滞后等问题，应依据项目管理流程，完善相关手续，及时向建设单位说明严重违反合同约定的情况，并依据合同条款进行处罚。

案例 199　项目结余资金使用不合规的风险

案例 106 风险要点：项目结余资金使用属于项目概算调整，在符合条件时允许使用，建设单位需要在项目概算调整方案通过内部审批后上报项目审批部门，当概算调整的数额超过概算总投资 15% 时需要重新申报。如果项目结余资金使用不合规，建设单位将被追究违规调整概算的责任。

《国务院办公厅关于印发国家政务信息化项目建设管理办法的通知》（国办发〔2019〕57 号）第二十三条规定：项目投资规模未超出概算批复、建设目标不变，项目主要建设内容确需调整且资金调整数额不超过概算总投资

15%，并符合下列情形之一的，可以由项目建设单位调整，同时向项目审批部门备案：①根据党中央、国务院部署，确需改变建设内容的；②确需对原项目技术方案进行完善优化的；③根据所建政务信息化项目业务发展需要，在已批复项目建设规划的框架下调整相关建设内容及进度的。不符合上述情形的，应当按照国家有关规定履行相应手续。

《基本建设财务规则》（中华人民共和国财政部令第 81 号）第四十八条规定：经营性项目结余资金，转入单位的相关资产。非经营性项目结余资金，首先用于归还项目贷款。如有结余，按照项目资金来源属于财政资金的部分，应当在项目竣工验收合格后 3 个月内，按照预算管理制度有关规定收回财政。

项目结余资金使用同样需要进行方案设计、招标、实施和验收，监理人员可协助建设单位提前做好项目概算调整规划，一是避免将前期调整与结余资金使用混淆；二是控制好调整比例并严格依照程序执行，避免出现违规调整的情况。

案例 200　项目后期事项处理不当的风险

案例 107 和案例 108 风险要点：项目竣工财务决算审核和项目资产交付属于项目后期事项，一般不涉及管理责任，但处理不当会影响项目建设管理费的使用。

《基本建设财务规则》（中华人民共和国财政部令第 81 号）第三十七条规定：财政部门和项目主管部门对项目竣工财务决算实行先审核、后批复的办法，可以委托预算评审机构或者有专业能力的社会中介机构进行审核。对符合条件的，应当在 6 个月内批复。

《基本建设项目竣工财务决算管理暂行办法》第二条规定：基本建设项目（以下简称项目）完工可投入使用或者试运行合格后，应当在 3 个月内编报竣工财务决算，特殊情况确需延长的，中小型项目不得超过 2 个月，大型项目不得超过 6 个月。第十二条规定：中央项目竣工财务决算，由财政部制定统一的审核批复管理制度和操作规程。中央项目主管部门本级以及不向财政部报送年度部门决算的中央单位的项目竣工财务决算，由财政部批复；其他中央项目竣工财务决算，由中央项目主管部门负责批复，报财政部备案。国家另有规定的，从其规定。第十三条规定：财政部门和项目主管部门对项目竣工财务决算实行先审核、后批复的办法，可以委托预算评审机构或者有专业能力的社会中介机构进行审核。第十九条规定：项目竣工后应当及时办理资金清算和资产交付手续，并依据项目竣工财务决算批复意见办理产权登记和有关资产入账或调账。

上述文件明确了项目竣工财务决算审核的要求，以及项目资产交付的时间节点和办理依据，建设单位和监理单位应严格按要求执行。

附录

本书依据的行业标准

1.《信息技术服务 监理 第 1 部分：总则》（GB/T 19668.1—2014）。

2.《信息技术服务 监理 第 2 部分：基础设施工程监理规范》（GB/T 19668.2—2017）。

3.《信息技术服务 监理 第 5 部分：软件工程监理规范》（GB/T 19668.5—2018）。

4.《数据中心设计规范》（GB 50174—2017）。

5.《计算机场地通用规范》（GB/T 2887—2011）。

6.《计算机场地安全要求》（GB/T 9361—2011）。

7.《建筑物防雷设计规范》（GB 50057—2010）。

8.《低压配电设计规范》（GB 50054—2011）。

9.《通信电源设备安装工程设计规范》（GB 51194—2016）。

10.《电磁环境控制限值》（GB 8702—2014）。

11.《气体灭火系统施工及验收规范》（GB 50263—2007）。

12.《火灾自动报警系统设计规范》（GB 50116—2013）。

13.《建筑设计防火规范》（GB 50016—2014）。

14.《供配电系统设计规范》（GB 50052—2009）。

15.《防静电活动地板通用规范》（GB/T 36340—2018）。

16.《数据中心基础设施施工及验收规范》（GB 50462—2015）。

17.《通风与空调工程施工质量验收规范》（GB 50243—2016）。

18.《建筑电气工程施工质量验收规范》（GB 50303—2015）。

19.《电气装置安装工程 电缆线路施工及验收标准》（GB 50168—2018）。

20.《电气装置安装工程 接地装置施工及验收规范》（GB 50169—2016）。

21.《建筑照明设计标准》（GB 50034—2013）。

22.《建设工程施工现场供用电安全规范》（GB 50194—2014）。

23.《计算机通用规范 第 3 部分：服务器》（GB/T 9813.3—2017）。

24.《建设工程文件归档规范》（GB/T 50328—2019）。

25.《建设项目档案管理规范》（DA/T 28—2018）。

26.《国家重大建设项目文件归档要求与档案整理规范》（DA/T 28—2002）。

27.《电子文件归档与电子档案管理规范》（GB/T 18894—2016）。

28.《档案馆建筑设计规范》（JGJ 25—2010）。

29.《通信局（站）电源系统总技术要求》（YD/T 1051—2018）。

30.《通信局（站）防雷与接地工程施工监理暂行规定》（YD 5219—2015）。

31.《通信电源设备安装工程验收规范》（GB 51199—2016）。

32.《通信局（站）防雷与接地工程验收规范》（GB 51120—2015）。

33.《建筑物电子信息系统防雷技术规范》（GB 50343—2012）。

34.《高处作业分级》（GB/T 3608—2008）。

35.《建筑施工高处作业安全技术规范》（JGJ 80—2016）。

36.《便携式金属梯安全要求》（GB 12142—2007）。

37.《便携式木梯安全要求》（GB 7059—2007）。

38.《呼吸防护 长管呼吸器》（GB 6220—2009）。

39.《自给开路式压缩空气呼吸器》（GB/T 16556—2007）。

40.《头部防护 安全帽》（GB 2811—2019）。

41.《安全带》（GB 6095—2009）。

42.《建设工程施工现场消防安全技术规范》（GB 50720—2011）。

43.《公安交通管理外场设备基础设施施工通用要求》（GA/T 652—2017）。

44.《混凝土结构设计规范》（GB 50010—2010）（2015 年版）。

45.《智能建筑工程施工规范》（GB 50606—2010）。

46.《通信局站用智能新风节能系统》（GB/T 28521—2012）。

47.《新风空调设备通用技术条件》（GB/T 37212—2018）。

48.《信息安全技术 网络安全等级保护基本要求》（GB/T 22239—2019）。